Escrever bem com gramática – 3º ano
© Laiz Barbosa de Carvalho, 2016

Direitos desta edição: Saraiva Educação Ltda., São Paulo, 2016
Todos os direitos reservados

Dados Internacionais de Catalogação na Publicação (CIP)
(Câmara Brasileira do Livro, SP, Brasil)

```
Carvalho, Laiz Barbosa de
   Escrever bem com gramática, 3º ano / Laiz
Barbosa de Carvalho. -- 6. ed. -- São
Paulo : Saraiva, 2016.


   1. Português - Gramática (Ensino fundamental)
I. Título.


16-07868                              CDD-372.61
```

Índices para catálogo sistemático:

1. Gramática : Português : Ensino fundamental
      372.61

ISBN 978-85-472-1331-2 (aluno)
ISBN 978-85-472-1332-9 (professor)

Editoras responsáveis	Alice Silvestre, Camila de Pieri Fernandes
Editoras	Marina Sandron Lupinetti, Miriam Mayumi Nakamura, Tatiane Godoy, Thaís Albieri, Vanessa Batista Pinto
Gerente de produção editorial	Ricardo de Gan Braga
Gerente de revisão	Hélia de Jesus Gonsaga
Revisores	Kátia Scaff Marques (coord.), Rosângela Muricy (coord.), Heloísa Schiavo, Larissa Vazquez, Luciana Azevedo, Patricia Cordeiro
Controle de fluxo e produção editorial	Paula Godo, Roseli Said
Supervisor de iconografia	Sílvio Kligin
Coordenador de iconografia	Cristina Akisino
Pesquisa iconográfica	Daniela Maria Ribeiro
Licenciamento de textos	Paula Claro
Design	Bonifácio Estúdio
Capa	Erika Tiemi Yamauchi Asato, com ilustração de Adilson Farias
Edição de arte	Katia Kimie Kunimura
Diagramação	Bonifácio Estúdio, JS Design, Luiza Massucato, Nicola Loi
Assistente de arte	Jacqueline Ortolan
Ilustrações	Adolar, André Valle, Chris Borges, Cibele Queiroz, Estúdio Mil, Mario Yoshida, Reinaldo Rosa, Waldomiro Neto
Tratamento de imagens	Cesar Wolf, Fernanda Crevin
Código da obra	CL 800771
CAE	609982 (AL)
CAE	609983 (PR)
Impressão e acabamento	Log&Print Gráfica, Dados Variáveis e Logística S.A.

O material de publicidade e propaganda reproduzido nesta obra está sendo utilizado apenas para fins didáticos, não representando qualquer tipo de recomendação de produtos ou empresas por parte do(s) autor(es) e da editora.

SAC 0800-0117875
De 2ª a 6ª, das 8h às 18h
www.editorasaraiva.com.br/contato

Avenida das Nações Unidas, 7221 – 1º andar – Setor C – Pinheiros – CEP 05425-902

CARTA AO ALUNO

Caro aluno,

Este livro é dedicado a você e foi feito para ajudá-lo em seu dia a dia, colaborando para que conheça e domine cada vez mais a Língua Portuguesa.

Nele você vai conhecer informações novas, ler textos interessantes e atuais que circulam em meios impressos ou no mundo digital e realizar diversas atividades que vão motivá-lo a refletir sobre nossa língua.

Com este livro, você vai perceber também que é possível aprender de forma divertida, decifrando charadas, desvendando enigmas ou desenvolvendo brincadeiras e jogos que possibilitam aplicar os novos conhecimentos.

Essas propostas foram elaboradas para que você leia, escreva e se comunique cada vez melhor.

Laiz Barbosa de Carvalho

ORGANIZAÇÃO DO LIVRO

ABERTURA

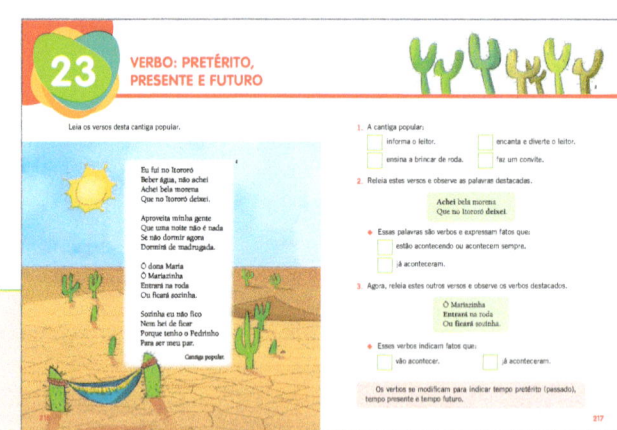

Textos para leitura e atividades de compreensão.

ATIVIDADES

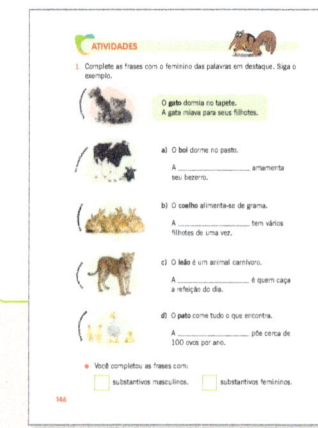

Atividades sobre o assunto estudado no capítulo.

PARA ESCREVER MELHOR

Seção para você exercitar a ortografia e a escrita correta das palavras.

CONCLUA!

Boxe para você verificar e registrar o que aprendeu.

REVISÃO

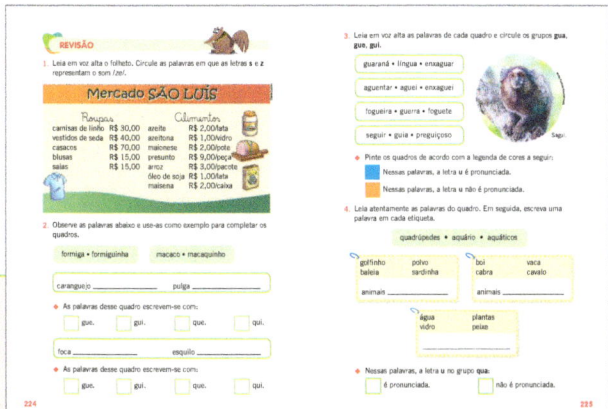

Momento de você rever o que já aprendeu.

DIVERTIDAMENTE

Atividades divertidas para fixar o que você sabe.

EURECA!

Desafios para você resolver e se divertir!

DE OLHO NA LÍNGUA

Atividades de múltipla escolha dos principais sistemas de avaliação de rendimento escolar.

SUMÁRIO

1. **Alfabeto e ordem alfabética** 8
   Texto: *Alfabeto dos animais* 8
   Atividades 10
   Para escrever melhor:
   c ou **g**, **f** ou **v**, **d** ou **t** 12
   Divertidamente 17

2. **Iniciais maiúsculas** 18
   Texto: *Chove chuva,
   chove sem parar* 18
   Atividades 19
   Para escrever melhor:
   m antes de **p** e **b** 21
   Eureca! 25

3. **Encontros vocálicos** 26
   Texto: *Sabiá é companheiro
   do brasileiro do campo e
   das grandes cidades* 26
   Atividades 29
   Para escrever melhor: **am – an**,
   em – en, **im – in**, **om – on**, **um – un** ... 30
   Divertidamente 33

4. **Encontros consonantais** 34
   Texto: *A cigarra e a formiga* 34
   Atividades 36
   Para escrever melhor:
   al, **el**, **il**, **ol**, **ul** 37
   Divertidamente 41

5. **Dígrafos** 42
   Texto: *Tirinha de Laerte* 42
   Atividades 44
   Para escrever melhor:
   au – al, **eu – el**, **iu – il**, **ou – ol**, **ul** ... 46
   Revisão 49
   De olho na língua 51

6. **Sílaba e divisão silábica** 52
   Texto: *Araras-azuis ameaçadas
   de extinção renascem nas
   matas de Canudos* 52
   Atividades 54
   Para escrever melhor: **as – az**,
   es – ez, **is – iz**, **os – oz**, **us – uz** 59
   Divertidamente 63

7. **Sílaba tônica** 64
   Texto: *Jardim Zoilógico* 64
   Atividades 66
   Para escrever melhor:
   ar, **er**, **ir**, **or**, **ur** 68
   Divertidamente 71

8. **Acentuação** 72
   Texto: *Livros lidos no ano* 72
   Atividades 74
   Para escrever melhor: **r**, **rr** 77
   Divertidamente 80
   Revisão 81

9. **A frase e os
   tipos de frase** 84
   Texto: *Tirinha de Alexandre Beck* 84
   Atividades 86
   Para escrever melhor:
   r entre **vogais** 89
   Divertidamente 91

10. **A frase e os
    sinais de pontuação** 92
    Texto: *Gato Malandro* 92
    Atividades 94
    Para escrever melhor: **ce, ci** 97
    Eureca! 100
    De olho na língua 101

11. **Outros sinais
    de pontuação** 102
    Texto: *Conta na feira* 102
    Atividades 104
    Para escrever melhor:
    ge, **gi**, **je**, **ji** 106
    Divertidamente 109

12. Organização do parágrafo.... 110
Texto: *Quer um bicho de estimação?* 110
Atividades 113
Para escrever melhor: a letra **h** 114
Eureca! 117

13. Sinônimo e antônimo 118
Texto: *Está quente, está frio* 118
Atividades 119
Para escrever melhor: **lhi, li** 124
Divertidamente 129
Revisão 130

14. Substantivo 134
Texto: *Boi de tamanco* 134
Atividades 136
Para escrever melhor: **ç** 140
Divertidamente 143

15. Masculino e feminino 144
Texto: *Família* 144
Atividades 146
Para escrever melhor: **s, ss** 149
Eureca! 153

16. Singular e plural 154
Texto: *Bumba meu boi* 154
Atividades 156
Para escrever melhor: **til** 158
Divertidamente 162
De olho na língua 163

17. Aumentativo e diminutivo 164
Texto: *Bolinha de sabão* 164
Atividades 166
Para escrever melhor: **sc** 169
Divertidamente 171
Revisão 172

18. Adjetivo 176
Texto: Convite para exposição 176
Atividades 178
Para escrever melhor: **s, z** 180
Eureca! 183

19. Artigo 184
Texto: *As frutas* 184
Atividades 186
Para escrever melhor: **qua, que – qui** 187
Eureca! 191

20. Numeral 192
Texto: *Contabilidade* 192
Atividades 194
Para escrever melhor: **gua, gue – gui** 196
Eureca! 199

21. Pronome 200
Texto: Tirinha de Bill Watterson 200
Atividades 202
Para escrever melhor: **ns** 204
Divertidamente 207

22. Verbo 208
Texto: *Gavião-tesoura é identificado pela cauda, que inspira o nome popular* 208
Atividades 210
Para escrever melhor: **x** e **ch** 212
Eureca! 215

23. Verbo: pretérito, presente e futuro 216
Texto: Cantiga popular 216
Atividades 219
Para escrever melhor: **am, ão** 220
Divertidamente 223
Revisão 224

Jogos 227

1 ALFABETO E ORDEM ALFABÉTICA

Observe este cartaz.

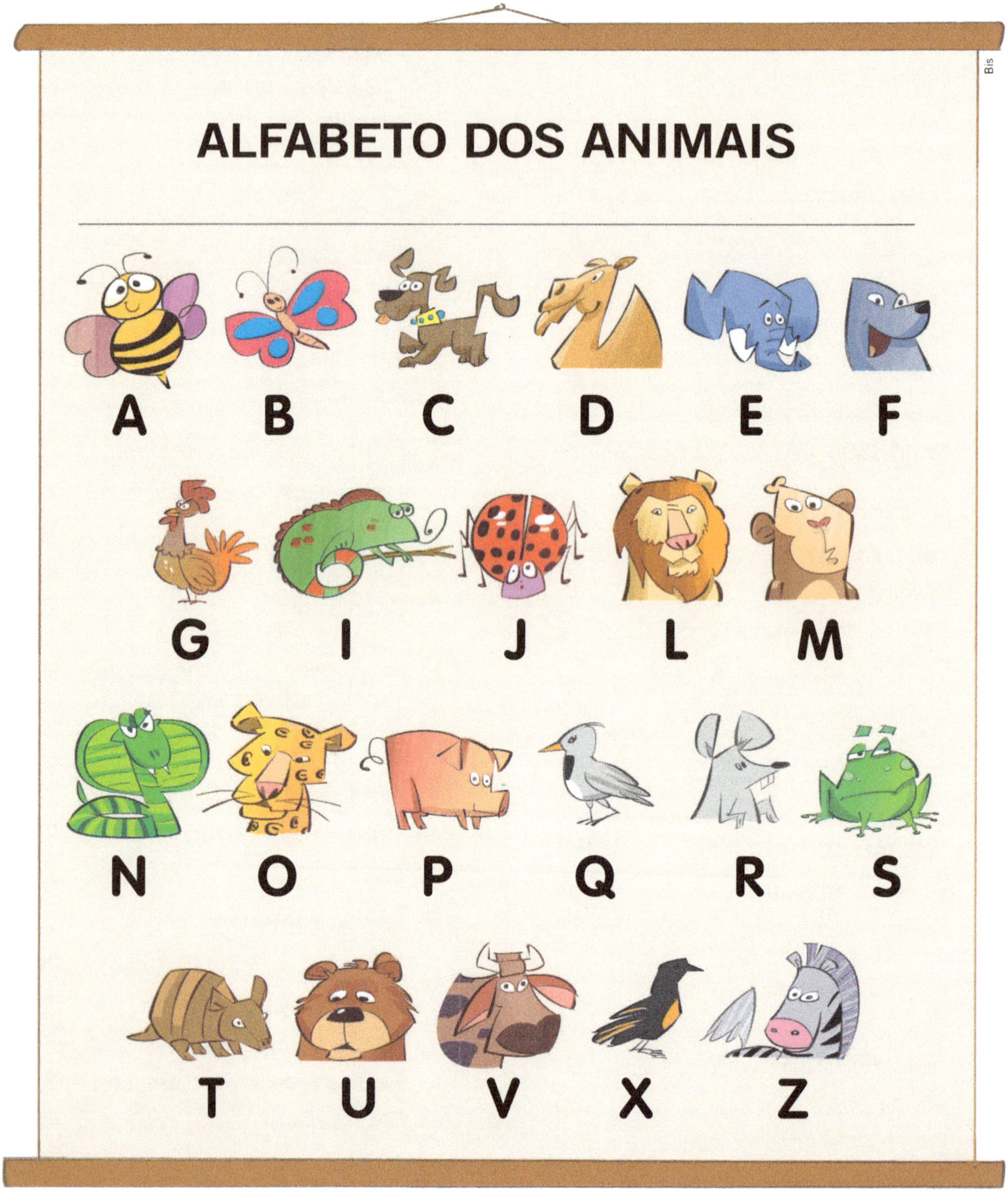

1. A finalidade do cartaz é:

   ☐ divertir o leitor.
   ☐ informar sobre letras do alfabeto.
   ☐ informar sobre objetos.
   ☐ informar sobre a vida dos animais.

2. Observe no cartaz as letras iniciais de cada animal.

   a) Escreva os nomes ou espécies dos animais que começam com vogal. Depois, pinte essas letras de azul no cartaz.

   _____

   b) Escreva os nomes ou espécies dos animais que começam com consoante. Depois, pinte essas letras de vermelho no cartaz.

   _____

   _____

   c) Nesse cartaz, faltam algumas letras. Você sabe quais são elas?

   _____

As letras são usadas para representar na escrita os sons que usamos ao falar. Classificam-se em **vogais** e **consoantes**. Veja.

Vogais ⟶ a, e, i, o, u

Consoantes ⟶ b, c, d, f, g, j, k, l, m, n, p, q, r, s, t, v, x, z

As letras **k**, **w** e **y** são utilizadas em nomes de pessoas e lugares ou palavras de origem estrangeira.

ATIVIDADES

1. As letras do alfabeto obedecem a uma ordem. É o que chamamos de **ordem alfabética**.

   Para colocar palavras em ordem alfabética, você deve seguir a ordem das letras no alfabeto. Veja os passos.

   1º passo: observe a primeira letra de cada palavra:

t	tamanduá
f	flor
m	manjericão
g	gol
b	bola

   2º passo: escreva as palavras na mesma ordem das letras do alfabeto:

b	bola
f	flor
g	gol
m	manjericão
t	tamanduá

   ◆ Siga a ordem alfabética para assinalar o quadrinho correto.
   Pista: observe a 2ª letra de cada palavra.

   a) Que palavra poderia vir antes de **bola**?

   ☐ brincar   ☐ bebê   ☐ bula

   b) Que palavra poderia vir depois de **bola**?

   ☐ bule   ☐ bala   ☐ biscoito

2. Pinte a letra inicial dos nomes de animais presentes no quadro.

   > pato • borboleta • jacaré • formiga • rinoceronte • tartaruga

   ◆ Coloque em ordem alfabética os nomes dos animais.

   _____

   _____

3. Leia os títulos de livros e pinte as letras iniciais de cada um deles.

☐ *Casas*, de Roseana Murray.

☐ *Poemas sapecas, rimas traquinas*, de Almir Correia.

☐ *Amigos do peito*, de Cláudio Thebas.

☐ *Confuso horário*, de Cláudio Martins.

◆ Numere-os de acordo com a ordem alfabética.

4. Escreva o nome das crianças nas gavetas. Use a ordem alfabética.

Letícia • Beatriz • Márcia • Flávio • Susana
Felipe • Sílvia • Daniele • Mônica

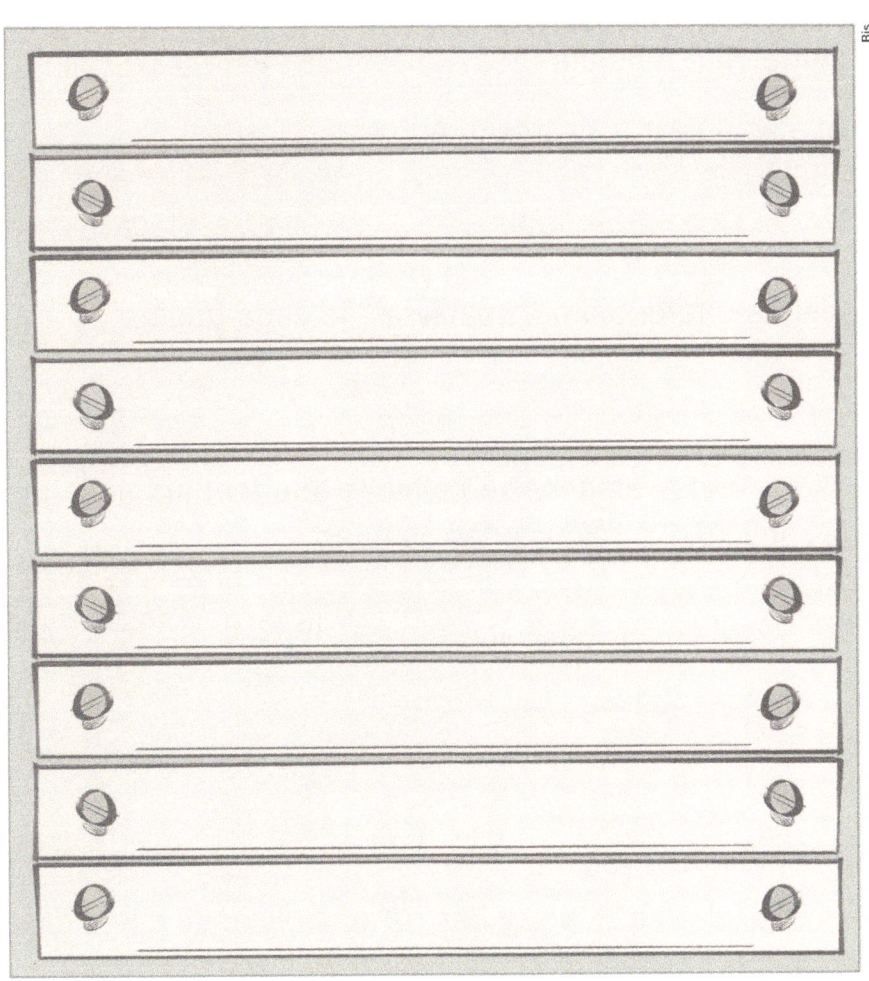

PARA ESCREVER MELHOR
ORTOGRAFIA: C OU G, F OU V, D OU T

Leia estas parlendas.

Meio-dia
Macaco assobia
Panela no fogo
Barriga vazia.

Corre, cutia,
Na casa da tia
Corre cipó
Na casa da avó.

Parlendas populares.

1. Leia em voz alta as palavras do quadro.

   dia • tia

   ◆ Que letras diferenciam essas duas palavras? _____

2. Agora, leia as palavras destes quadros.

   cola • gola   vaca • faca

   ◆ Que letras diferenciam as palavras de cada quadro?
   _____

3. Releia as parlendas e encontre palavras que tenham as letras indicadas abaixo. Escreva-as nas colunas.

letra d	letra t	letra v	letra g

   ◆ Circule as letras **d**, **t**, **v** e **g** das palavras usando cores diferentes para cada uma delas.

4. Observe as figuras e circule o nome delas no diagrama.

   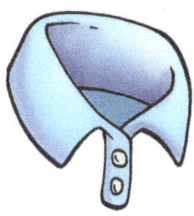

FON	A	CO	CO	VU	GA	TO	FRE	CO
I	ZU	DRA	NO	SA	NA	JU	GUI	GA
GO	MO	BIN	FA	DRE	GO	RU	JI	LO
NO	U	FO	BA	LI	GO	LA	VI	BOS
BA	PI	HA	ZI	XU	LIS	VA	TRE	ZA
I	CO	LA	TRE	SE	A	GO	TA	U
MU	ZI	JE	BA	RA	XI	NE	CA	MA

   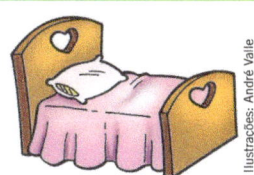

◆ Essas palavras que você circulou começam com:

☐ a consoante **c**.   ☐ a consoante **g**.

5. Troque as letras em verde pelas letras em vermelho e escreva a palavra que se formar.

farinha	v _____
fila	v _____
fale	v _____

gato	c _____
gola	c _____
galo	c _____

dada	t _____
cada	t _____
bode	t _____

13

CONCLUA!

A troca de uma letra por outra:

☐ altera o sentido da palavra.

☐ não altera o sentido da palavra.

6. Para cada palavra abaixo, escreva uma palavra do quadro que combine com ela. Depois, marque as respostas corretas.

cavaleiro • doceira • feriado • goteira

a) férias _____

Essas palavras começam com:

☐ a letra **v**.

☐ a letra **f**.

b) cavalo _____

Essas palavras começam com:

☐ a letra **g**.

☐ a letra **c**.

c) doce _____

Essas palavras começam com:

☐ a letra **d**.

☐ a letra **t**.

d) gota _____

Essas palavras começam com:

☐ a letra **g**.

☐ a letra **c**.

CONCLUA!

As palavras que você combinou entre si são de uma mesma família de palavras.
As palavras de uma mesma família:

☐ apresentam uma parte igual.

☐ não apresentam nenhuma parte igual.

7. Complete os avisos abaixo com as palavras dos quadros.

a) fogão • fogo • fósforos

Cuidado!

Mexer com _____ pode ser perigoso. Não brinque com _____. Fique longe do _____.

b) fila • vila

Atenção!

Neste local, ônibus para a _____ Leopoldina.

Permaneça em _____.

c) feriado • flauta • violão

Aviso

Não haverá aulas de _____ e _____ no _____.

d) farol • final • vire

Prefeitura de Paranaguá

Visite o _____ de nossa cidade. _____ à esquerda no _____ da avenida Tiradentes.

8. Observe as fotografias e leia o nome das profissões.

a) Escreva as palavras do quadro que se associam ao nome de cada profissão.

> cozinhar • dente • farmácia • feira
> fogão • frigideira • frutas • ingredientes
> odontologia • saúde • vacina • verduras

	Dentista	_____
	Cozinheiro	_____
	Feirante	_____
	Farmacêutica	_____

b) Escolha uma dessas profissões e escreva uma frase sobre ela. Use algumas palavras que você escreveu e outras que quiser.

_____

16

DIVERTIDAMENTE

DESCUBRA AS LETRAS!

◆ Observe a área branca da cena. Nela faltam seis letras do alfabeto. Descubra quais são e forme com elas o nome de uma ave brasileira muito conhecida.

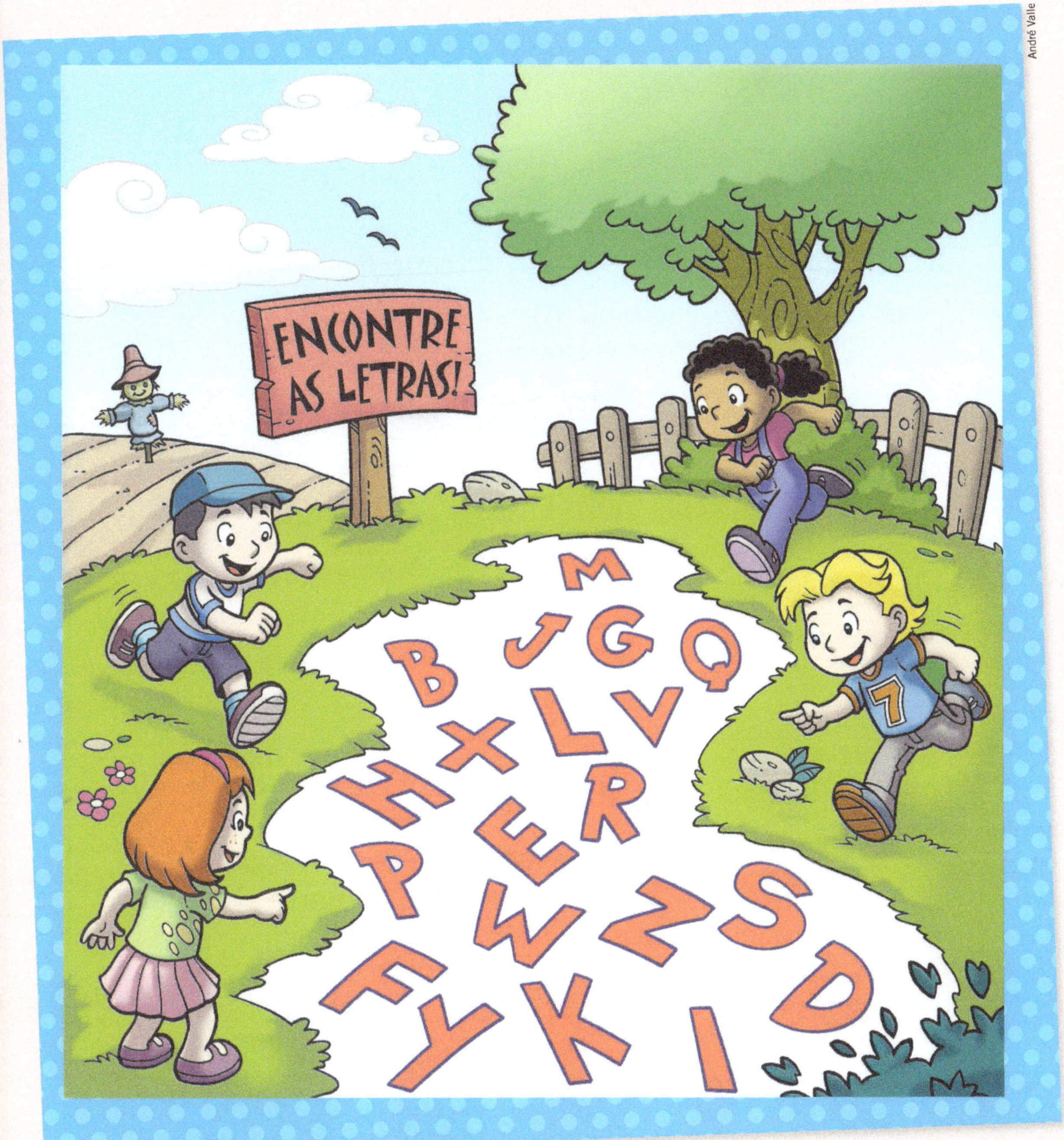

2 INICIAIS MAIÚSCULAS

Leia o texto sobre Calçoene, no Amapá, o lugar mais chuvoso do Brasil.

 chc.org.br

Chove chuva, chove sem parar

Sabia que o lugar mais chuvoso do Brasil fica no Amapá?

De janeiro a junho, chove praticamente todos os dias em certo município do Amapá. A cada mês são registrados mais de 25 dias chuvosos. [...] Saiba que, se toda essa chuva não escorresse e nem fosse absorvida pelo solo, o município amapaense se transformaria em uma piscina com quatro metros de profundidade em um ano!
[...]

Mara Figueira. *Ciência Hoje das Crianças*.
Disponível em: <chc.org.br/chove-chuva-chove-sem-parar/>. Acesso em: novembro de 2016.

1. O texto apresenta:

☐ um fato que aconteceu na cidade de Calçoene.

☐ um fato que acontece na cidade de Calçoene.

☐ uma história contada na cidade de Calçoene.

2. Releia o subtítulo do texto e complete.

Sabia que o lugar mais chuvoso do Brasil fica no Amapá?

a) No início da frase, foi usada letra inicial _____.

b) Foram usadas letras iniciais maiúsculas em Brasil e Amapá porque são nomes _____.

> Usamos letras iniciais maiúsculas:
> - em títulos: de textos, histórias, livros, reportagens, filmes, etc. → *Chove chuva, chove sem parar*
> - no início de frases → De janeiro a junho...
> - depois de ponto → . A cada mês são...
> - em nomes de lugares: bairros, cidades, estados, países, rios, etc. → Amapá, Brasil

ATIVIDADES

1. Escreva o nome da cidade onde você mora.

_____

a) Escreva uma das duas frases de acordo com o que acontece na cidade onde você mora.
- Na minha cidade, chove muito.
- Na minha cidade, não chove muito.

_____

b) Nas respostas anteriores, você usou letra maiúscula:

☐ no nome de lugar.   ☐ no início de frase.

☐ no título de uma história.

2. Escreva cinco nomes de cidades que você conheça.

_____

♦ Nesses nomes, você usou:

☐ letra inicial maiúscula.   ☐ letra inicial minúscula.

3. Qual é o nome da pessoa que escreveu o texto da página 18?

_____

♦ O nome dessa pessoa está escrito com:

☐ letra inicial maiúscula.   ☐ letra inicial minúscula.

CONCLUA!

Usamos letra inicial _____ também

em nomes de _____ .

4. Leia o texto e explique por que se usou a letra inicial maiúscula nas palavras destacadas.

http://mundoestranho.abril.com.br

[...] **Quando** se sonha com a despoluição do **Tietê**, é inevitável lembrar do **Tâmisa**, na **Inglaterra**. A história do rio mais sujo da **Europa** no século XIX começou a mudar na década de 60, quando um sistema de estações de tratamento removeu quase 100% dos esgotos lançados no rio, que hoje tem peixes vivendo em toda a sua extensão.

Disponível em: <http://mundoestranho.abril.com.br/materia/como-e-possivel-recuperar-um-rio-poluido>. Acesso em: outubro de 2016.

a) **Q**uando: _____

b) **T**ietê, **T**âmisa: _____

c) **I**nglaterra, **E**uropa: _____

PARA ESCREVER MELHOR
ORTOGRAFIA: M ANTES DE P E B

Leia este texto.

www1.folha.uol.com.br

São Paulo registra a temperatura mais baixa do ano e a menor desde agosto de 2014

[...]
Para o domingo, segundo os meteorologistas, o tempo continua seco e ensolarado na capital paulista e a madrugada deve ser fria com temperaturas em torno dos 10 °C. A máxima deve ficar em torno de 23 °C.

Folha de S.Paulo. Disponível em: <www1.folha.uol.com.br/cotidiano/2015/06/1648672-sp-registra-a-temperatura-mais-baixa-do-ano-e-a-menor-desde-agosto-de-2014.shtml>. Acesso em: outubro de 2016.

1. Leia as palavras e observe as letras destacadas.

te**mp**eratura • te**mp**o

◆ Qual é a letra usada antes da consoante **p**?

_____

2. Leia as palavras do quadro. Depois, escreva cada palavra na coluna correspondente.

bambu   bomba   lâmpada
computador   embaixo
campo   samba   tambor
tampa   xampu

mb	mp
_____	_____
_____	_____
_____	_____
_____	_____

CONCLUA!

Na coluna da esquerda, as palavras são escritas com a letra **m** porque:

☐ essa letra está antes da letra **p**.
☐ essa letra está antes da letra **b**.

Na coluna da direita, as palavras são escritas com a letra **m** porque:

☐ essa letra está antes da letra **p**.
☐ essa letra está antes da letra **b**.

3. Leia o cardápio. Escolha uma entrada, um prato principal e uma sobremesa. Escreva-os no pedido.

★ CARDÁPIO ★
RESTAURANTE
PINHEIRÃO

Entradas
Salada temperada com ervas
Salada de broto de bambu
Lambari frito

Pratos principais
Lombo com batatas
Lasanha com molho simples
Hambúrguer de frango
Filé de peixe empanado
Empadão de carne

Sobremesas
Bomba de chocolate
Rocambole de creme
Sorvete de framboesa
Bombom de amêndoas

MESA: 16
PEDIDO:

◆ Agora, circule no cardápio as palavras com **m** antes de **p** e **b**.

4. Leia os serviços da Prefeitura desta cidade.

www.alegriadeviver.br

ALEGRIA DE VIVER

Serviços

Telefones úteis

Meio Ambiente 122
Assistência Social 144
Corpo de Bombeiros 133
Ambulância Municipal 188
Trânsito 166

Thinkstock/Getty Images

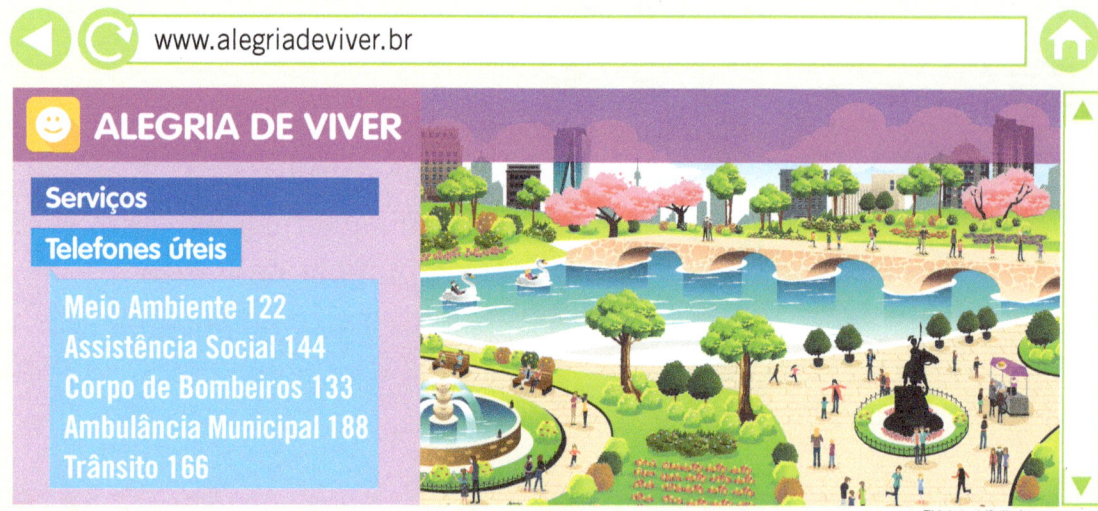

- Observe as fotografias. Que serviço você chamaria em cada situação? Escreva o nome abaixo de cada fotografia.

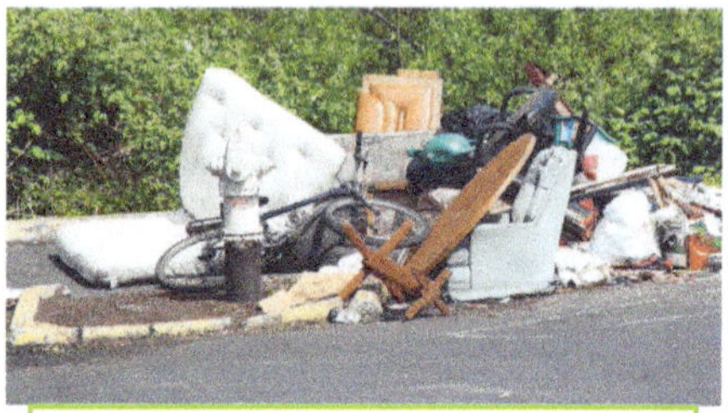

Oscar C. Williams/Shutterstock

____

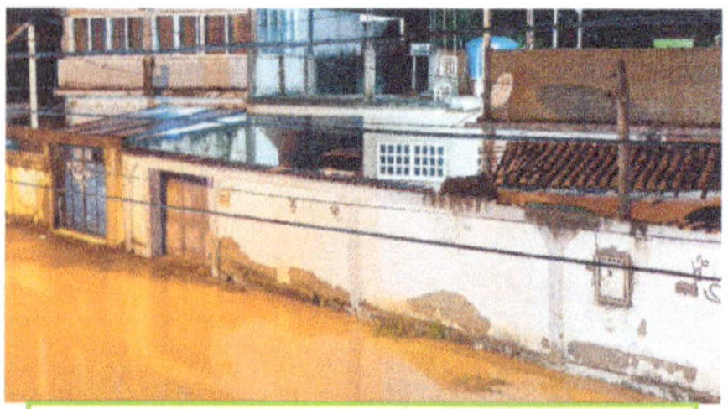

Donatas Dabravolskas/Shutterstock

____

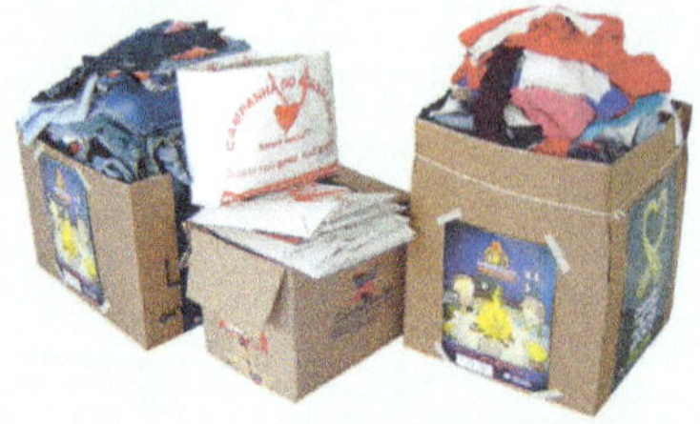

CESP

____

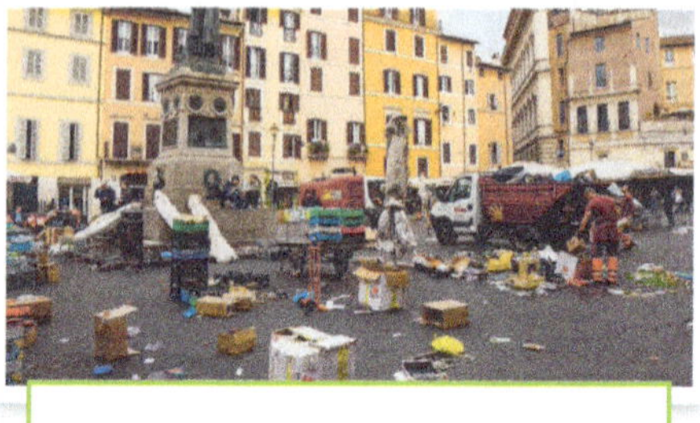

Marius Godoi/Shutterstock

____

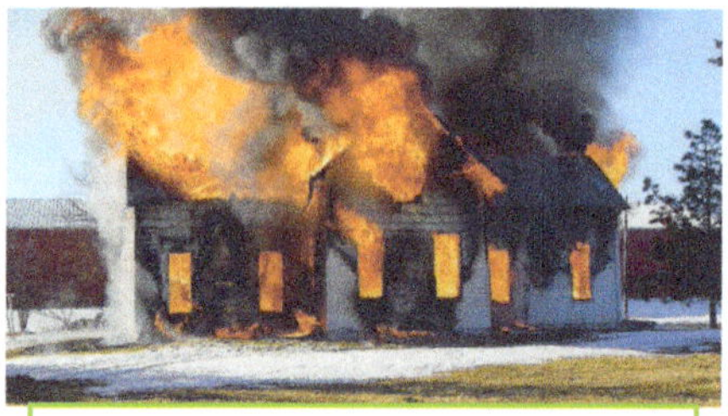

Dale A Stork/Shutterstock

____

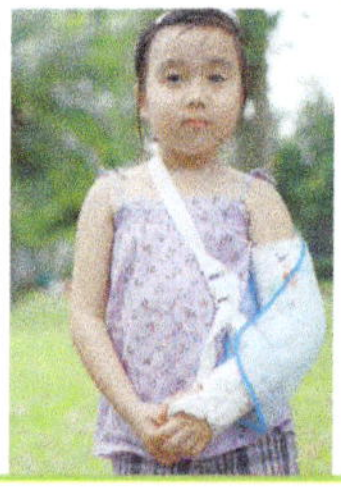

nathapol HPS/Shutterstock

____

EURECA!

PARA VOCÊ PENSAR E RESOLVER A QUESTÃO!

◆ Observe a lista de candidatos a representante de classe do 3º ano.

Alunos do 3º ano

Ana Júlia	Heitor	Roberta
Ana Paula	Isabele	Roberto
André Luiz	João Gabriel	Sabrina
Beatriz	Júlia	Silas
Daniel	Kelen	Victor
Denise	Luísa	Xisto
Gilson	Mariana	
Guilherme	Pedro	

Para saber quem foram os escolhidos pela turma, siga as pistas.

Representante 1
- ✔ O nome termina em vogal.
- ✔ Não tem nome composto.
- ✔ A quarta letra do nome é uma consoante.
- ✔ A sexta letra do nome é a 14ª letra do alfabeto.

Representante 2
- ✔ O nome termina em vogal.
- ✔ A terceira letra do nome é a terceira vogal do alfabeto.
- ✔ A primeira letra do nome é a 7ª letra do alfabeto.

Agora, complete.

- O representante 1 é _____ e o representante 2 é _____.

- Você escreveu esses nomes com letra inicial _____.

3 ENCONTROS VOCÁLICOS

Leia o texto.

  http://g1.globo.com

Sabiá é companheiro do brasileiro do campo e das grandes cidades

Ave-símbolo do Brasil, o sabiá-laranjeira tem no canto um dos principais atrativos. A espécie também ajuda a plantar árvores.

Nome científico: *Turdus rufiventris*
Distribuição: Brasil oriental e central (do Maranhão ao Rio Grande do Sul, Minas Gerais, Goiás e Mato Grosso) até Bolívia, Paraguai, Argentina e Uruguai.
Hábitat: Vive em matas, parques, quintais e ruas arborizadas nas grandes cidades.
Alimentação: Alimenta-se de insetos, larvas, minhocas, frutas maduras [...]. Come coquinhos de várias espécies de palmeiras.
Reprodução: O ninho é uma tigela funda de paredes grossas, feito de raízes, vegetais e musgo reforçados por barro. A **postura** é de três a quatro ovos [...]. O período de **incubação** dura em torno de 14 dias.

Sabiá-laranjeira.

Revista Terra da Gente. Disponível em: <http://g1.globo.com/sp/campinas-regiao/terra-da-gente/fauna/noticia/2015/06/sabia-e-companheiro-do-brasileiro-do-campo-e-das-grandes-cidades.html>. Acesso em: novembro de 2016.

Postura: ato de pôr ovos.
Incubação: período de desenvolvimento do filhote no ovo.

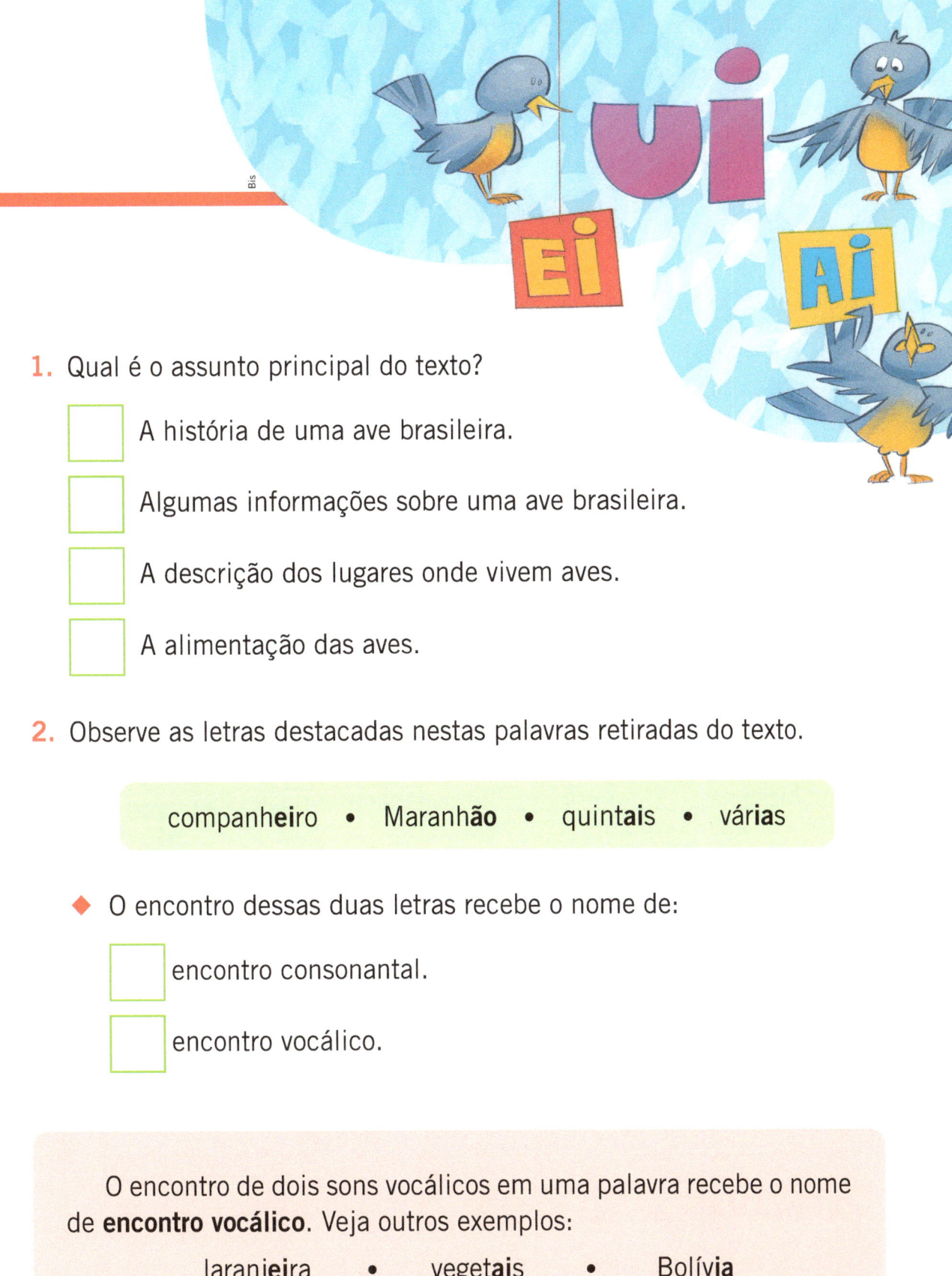

1. Qual é o assunto principal do texto?

   ☐ A história de uma ave brasileira.

   ☐ Algumas informações sobre uma ave brasileira.

   ☐ A descrição dos lugares onde vivem aves.

   ☐ A alimentação das aves.

2. Observe as letras destacadas nestas palavras retiradas do texto.

   companh**ei**ro • Maranh**ão** • quint**ai**s • vár**ia**s

   ◆ O encontro dessas duas letras recebe o nome de:

   ☐ encontro consonantal.

   ☐ encontro vocálico.

O encontro de dois sons vocálicos em uma palavra recebe o nome de **encontro vocálico**. Veja outros exemplos:

laranj**ei**ra	veget**ai**s	Bolív**ia**
ei	**ai**	**ia**

27

3. Releia o trecho do texto e observe as palavras destacadas.

   Reprodução: O ninho é uma tigela funda de paredes grossas, **feito** de **raízes**, **vegetais** e musgo reforçados por barro.

   a) Circule os encontros vocálicos e separe as sílabas dessas palavras.

   _____

   _____

   b) Em quais palavras os encontros vocálicos ficaram na mesma sílaba?

   _____

   _____

   c) E em qual palavra o encontro vocálico ficou em sílabas diferentes?

   _____

   CONCLUA!

   Na separação de sílabas, os encontros vocálicos podem aparecer na _____ sílaba ou em sílabas _____.

4. Agora, observe estas outras palavras do texto e pinte os encontros vocálicos.

   Paraguai • Uruguai

   ◆ Quantos sons há em cada um desses encontros vocálicos?

   _____

   CONCLUA!

   Os encontros vocálicos podem ser formados de _____ ou _____ sons vocálicos.

ATIVIDADES

1. Complete o jornal de ofertas do supermercado com as palavras do quadro.

> agrião • baixos • cação • couve • dourado
> manteiga • óleo • peixes • refeições

2. Leia o cardápio da Lanchonete Paulista.

LANCHONETE PAULISTA		
Pratos e lanches	**Sobremesas**	**Bebidas**
Arroz com feijão	Doce de ameixa	Água
Macarrão alho e óleo	Pudim de leite	Guaraná
Peixe frito	Torta de limão	Suco de graviola
Sanduíche de presunto	Pudim de queijo	Suco de melancia

◆ Escreva o nome do prato ou lanche, da bebida e da sobremesa que você gostaria de pedir.

_____

_____

PARA ESCREVER MELHOR
ORTOGRAFIA: AM – AN, EM – EN, IM – IN, OM – ON, UM – UN

Leia esta notícia.

  www1.folha.uol.com.br

Nascem nos EUA gêmeos de espécie rara de cangurus

Funcionários do zoológico de Nebrasca andam vendo animais "dobrados" e estão muito felizes com isso. O motivo é o nascimento de gêmeos de uma rara espécie de canguru de árvore.
[...]

Canguru de árvore.

Disponível em: <www1.folha.uol.com.br/bichos/2009/01/490458-nascem-nos-eua-gemeos-de-especie-rara-de-cangurus.shtml>. Acesso em: novembro de 2016.

1. Releia estas palavras retiradas da notícia e observe as vogais destacadas.

   > c**a**nguru • f**u**ncionários • nascim**e**nto

   a) Qual é a letra que aparece depois das vogais destacadas?

   _____

   b) Agora, leia estas palavras. Qual é a letra que aparece depois das vogais destacadas?

   > t**a**mpa • t**e**mpo • **u**mbigo

   _____

2. Encontre na faixa sete nomes de animais e escreva-os na linha correspondente.

ANDORINHAONÇAANTAJACUTINGATAMANDUÁPINTADOJUMENTO

Ar: _____

Terra: _____

Água: _____

◆ As palavras que você encontrou são escritas com:

☐ **m** em fim de sílaba. ☐ **n** em fim de sílaba.

3. Complete as palavras dos quadros com **an**, **en**, **on** ou **am**, **em**, **om**.

c_____vite   s_____ba   t_____peram_____to

c_____prar   mom_____to   c_____sado

◆ Observe as palavras que você escreveu e responda às perguntas.

a) Você usou a letra **m** antes de quais letras?

_____

b) Você usou a letra **n** antes de quais letras?

_____

CONCLUA!

☐ Em fim de sílaba, usamos a letra **m** antes de **p** e **b** e a letra **n** antes das outras letras.

☐ Em fim de sílaba, usamos a letra **m** ou a letra **n** antes de qualquer letra.

4. Troque a palavra destacada pela que está na coluna do meio e crie novos títulos. Veja o exemplo.
Atenção: em alguns casos, você terá de modificar outras palavras também.

A **lenda** do boto — conto — O conto do boto

a) O **Anhanguera** — Boi-bumbá — _____

b) O **engenho** mal-assombrado — campo — _____

c) O **gigante** de pedra — monstro — _____

d) O **lagarto** encantado — pomba — _____

5. Leia o folheto e circule os nomes dos produtos em que aparecem **am**, **an**, **en** e **in**.

◆ Escreva as palavras que você circulou.

_____

_____

32

DIVERTIDAMENTE

◆ Observe o desenho abaixo com bastante atenção.

- Na cena, pinte os objetos e utensílios que estão em branco.

- Escreva o nome dos objetos e utensílios que você pintou.
  Atenção: todos os nomes têm encontro vocálico.

- Existem outros objetos na cena que têm encontros vocálicos? Escreva alguns exemplos.

4 ENCONTROS CONSONANTAIS

Leia este texto com atenção.

A cigarra e a formiga

Num dia quente de verão, uma alegre cigarra cantava enquanto a formiga trabalhava acumulando grãos. Mas o inverno chegou, o clima piorou e os primeiros flocos de neve caíram. A cigarra, com frio e com fome, foi pedir abrigo à formiga e implorou por um pouco de comida.

— Por acaso não se lembrou de guardar comida para o inverno? — perguntou a formiga.

— Não tive tempo. Passei o verão cantando! — respondeu a cigarra.

— "Pois então agora, dance", disse a formiga, deixando a cigarra abandonada à própria sorte.

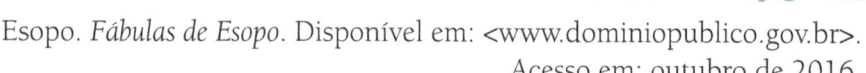

Esopo. *Fábulas de Esopo*. Disponível em: <www.dominiopublico.gov.br>. Acesso em: outubro de 2016.

1. O texto "A cigarra e a formiga" é uma:

☐ receita.　　　☐ quadrinha.

☐ notícia.　　　☐ fábula.

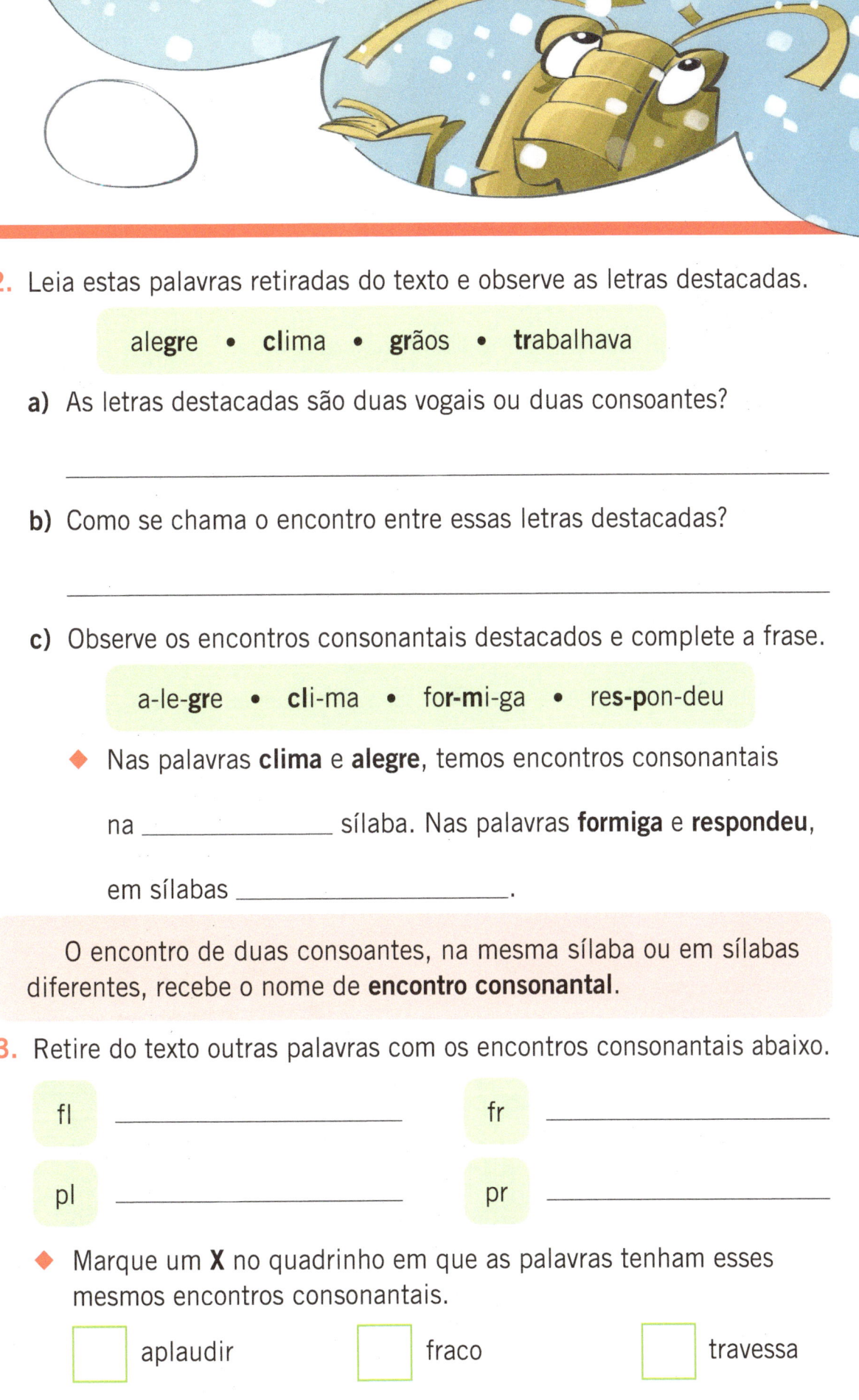

2. Leia estas palavras retiradas do texto e observe as letras destacadas.

> a**le**gre • **cl**ima • **gr**ãos • **tr**abalhava

a) As letras destacadas são duas vogais ou duas consoantes?

_____

b) Como se chama o encontro entre essas letras destacadas?

_____

c) Observe os encontros consonantais destacados e complete a frase.

> a-le-**gre** • **cli**-ma • for-**mi**-ga • res-**p**on-deu

◆ Nas palavras **clima** e **alegre**, temos encontros consonantais

na _____ sílaba. Nas palavras **formiga** e **respondeu**,

em sílabas _____.

> O encontro de duas consoantes, na mesma sílaba ou em sílabas diferentes, recebe o nome de **encontro consonantal**.

3. Retire do texto outras palavras com os encontros consonantais abaixo.

fl _____   fr _____

pl _____   pr _____

◆ Marque um **X** no quadrinho em que as palavras tenham esses mesmos encontros consonantais.

☐ aplaudir   ☐ fraco   ☐ travessa

35

ATIVIDADES

1. Leia abaixo o nome de brinquedos e brincadeiras. Pinte as palavras com encontro consonantal.

   teatro de dedo   cabra-cega   blocos de madeira

   ◆ Agora, relacione o nome dos brinquedos e das brincadeiras de acordo com a descrição de cada um deles.

   Os bonecos se mexem de acordo com o movimento dos dedos.

   _____

   Um dos participantes tem os olhos vendados e precisa pegar os outros.

   _____

   As peças são usadas para montar casinhas, castelos e outras coisas.

   _____

2. Escreva o nome do brinquedo ou jogo e anote o encontro consonantal no quadrinho.

_____ □

_____ □

_____ □

_____ □

PARA ESCREVER MELHOR
ORTOGRAFIA: AL, EL, IL, OL, UL

Leia esta parlenda.

Pulga

Pulga toca flauta,
Perereca, violão,
Piolho pequenino
Também toca rabecão

A pulga e o percevejo
Fizeram uma combinação
De dar uma serenata
Debaixo do meu colchão

Palavra Cantada. *Vamos brincar de roda!*
São Paulo: Caramelo, 2009.

1. Releia estas palavras e observe as vogais destacadas.

colchão • pulga

a) Qual é a letra que aparece depois da vogal destacada?

_____

b) Agora, observe as letras destacadas nos quadros e complete a frase.

sinal	papel	funil	farol	pulga
a + l = al	e + l = el	i + l = il	o + l = ol	u + l = ul

◆ Nessas palavras, temos uma _____ seguida da letra _____.

2. Observe as figuras. Escreva na cruzadinha o nome delas.

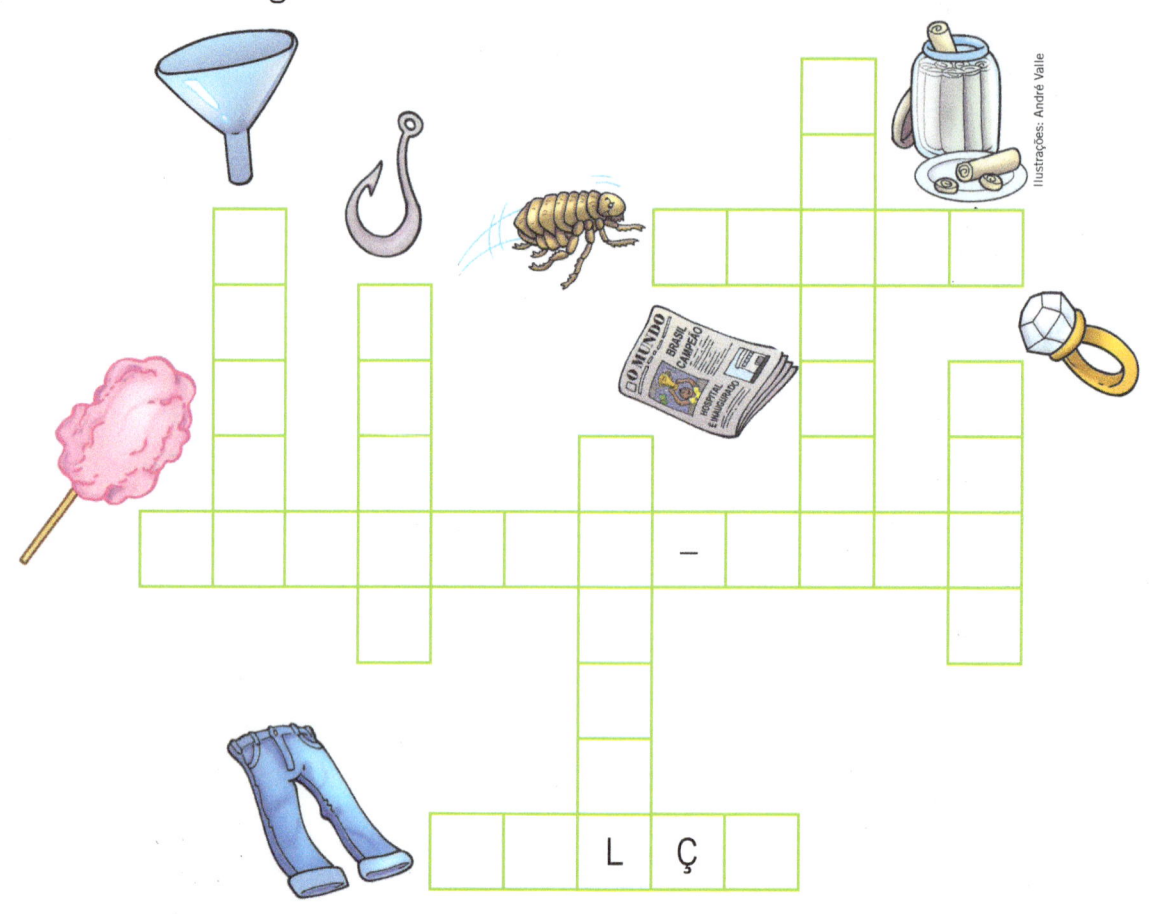

3. Leia os nomes de pessoas escritos com **al**, **el**, **il**, **ol**, **ul**. Escreva-os nos quadros corretos.

Abigail • Dalva • Hilda • Rafael • Raul • Rodolfo • Telma

a + l	e + l	i + l
_____	_____	_____
_____	_____	_____

o + l	u + l
_____	_____
_____	_____

4. Observe a figura.

a) Escreva o nome dos elementos que você observou.

_____

b) Das palavras que você registrou, quais são escritas com **al**, **el**, **il**, **ol** ou **ul**?

_____

5. Acrescente a letra **l** às palavras e forme outras.

fato + l → _____   povo + l → _____

voto + l → _____   cara + l → _____

vara + l → _____   faro + l → _____

CONCLUA!

A letra **l** que você acrescentou:

☐ mudou o sentido das palavras.

☐ não mudou o sentido das palavras.

◆ Escolha uma das palavras que você formou e escreva uma frase com ela.

_____

6. Leia atentamente as palavras dos quadros a seguir.

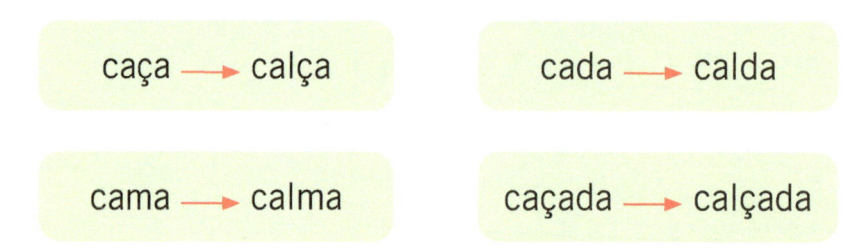

caça ⟶ calça   cada ⟶ calda

cama ⟶ calma   caçada ⟶ calçada

◆ Em cada quadro, qual é a diferença que existe entre as palavras?

_____

_____

7. Complete as frases. Use algumas das palavras que apareceram nos quadros da atividade anterior.

É proibida a _____ de animais silvestres.

É proibido estacionar sobre a _____.

É preciso manter a _____ no trânsito.

Você prefere _____ de chocolate ou de caramelo?

DIVERTIDAMENTE

Descubra as respostas

◆ Observe as figuras.

◆ Agora, responda às perguntas e complete a cruzadinha com as respostas.

① O que se pode comer na salada com tomate? _____

② Qual pode ser a cor do céu? _____

③ Qual é o esporte mais popular no Brasil? _____

④ O que podemos ver no cinema e na televisão? _____

⑤ Qual é o nome do fio onde se colocam roupas para secar? _____

⑥ Qual é o alimento doce que as abelhas produzem? _____

⑦ O que vem dentro do pão de um cachorro-quente? _____

① A ○ ○ ○ ○ ○
② ○ ○ U
③ ○ ○ T ○ ○ ○ ○
    ○
    O
④ ○ ○ ○ M ○ ○
    Ó
⑤ ○ V ○ ○ ○ ○
⑥ ○ ○ E ○
⑦ ○ ○ L ○ ○ ○ ○ ○

41

5 DÍGRAFOS

Leia esta tirinha.

Disponível em: <http://manualdominotauro.blogspot.com.br/2015/01/lola-160.html>.
Acesso em: outubro de 2016.

1. A finalidade da tirinha é:

    ☐ ensinar um jogo.

    ☐ dar uma notícia.

    ☐ informar sobre uma ave.

    ☐ divertir o leitor.

2. Leia em voz alta estas palavras retiradas da tirinha e observe as letras destacadas.

> ro**lh**inha • fo**lh**inha
> nh   lh

a) Na primeira palavra, as duas letras destacadas representam dois sons ou apenas um som? E na segunda palavra?

_____

_____

b) Leia e observe. Em quais destas palavras isso também acontece?

> aço • caro • ca**rr**o • **ch**eiro • i**ss**o • meio

_____

O conjunto de duas letras que representa um único som recebe o nome de **dígrafo**. Os dígrafos são: **nh, lh, ch, rr, ss**. Exemplos:

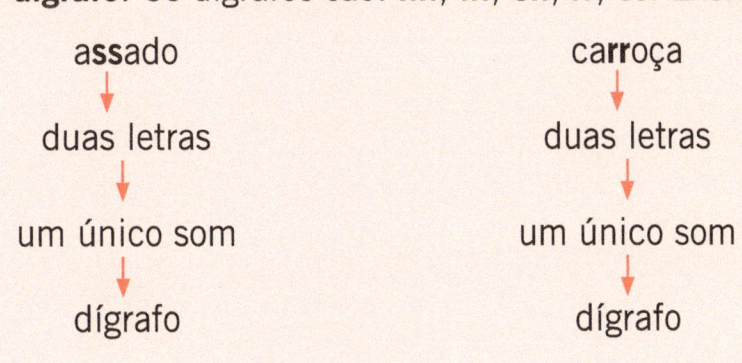

a**ss**ado
↓
duas letras
↓
um único som
↓
dígrafo

ca**rr**oça
↓
duas letras
↓
um único som
↓
dígrafo

ATIVIDADES

1. Circule no diagrama sete palavras. Depois, escreva as palavras nas linhas e o dígrafo de cada uma delas nos quadrinhos.

```
Q R O L I N H A P T S G
G A R R A F A N Z V C O
O X A S S O B I O M P R
S T R A V E S S U R A R
R E D E M O I N H O W O
L B M A R I N H A O B J
```

2. Desembaralhe as letras e encontre palavras que apresentam dígrafo.

OS**RR**IOS _____

AC**NH**OIM _____

BI**OSS**OA _____

LHIRBATNE _____

SORI**CH**EO _____

3. Escolha uma opção do quadro **A**, junte-a a outra do quadro **B**, escreva os nomes no cardápio e conheça os pratos típicos do Piauí.

A	B
arroz	assada
carne de sol	com galinha-d'angola
cozido	de milho
cuscuz	com toucinho

Restaurante TERESINA

Pratos do dia

PARA ESCREVER MELHOR

ORTOGRAFIA: AU – AL, EU – EL, IU – IL, OU – OL, UL

Leia o texto.

Palmito-juçara: não compre

Brasil não consegue garantir a exploração racional desse tesouro

[...], Jorge Leite Tuzino, 82 anos, **franzino**, abre os braços e mostra mais de 50 palmeiras derrubadas. "Não ouvi nada. Quando vi isso aqui, deu até vontade de chorar".

Palmito-juçara: palmeira ameaçada de extinção.
Franzino: magro.

Revista *Terra da Gente*. Disponível em: <www.revistaterradagente.com.br/biblioteco/NOT,0,0,304004,Palmito+Jucara.aspx>. Acesso em: junho de 2016.

1. Leia em voz alta estas palavras retiradas do texto e observe as letras destacadas.

   tes**ou**ro • d**eu**

   a) As vogais **o** e **e** são seguidas por uma vogal ou por uma consoante?

   _____

   b) Leia estas palavras. Pinte as vogais seguidas de **u**.

   chapéu • degrau • louça • outra • poucos

   ◆ Você encontrou palavras escritas com:

   ☐ au. ☐ eu. ☐ iu. ☐ ou.

2. Leia em voz alta estas palavras do texto e observe as letras destacadas.

> Br**a**sil • p**al**meiras • p**al**mito-juçara

◆ Essas palavras são escritas com:

☐ al.   ☐ el.   ☐ il.   ☐ ol.

3. Escreva nos quadros o nome dos objetos das imagens.

☐   ☐   ☐

◆ Essas palavras são escritas com:

☐ au.   ☐ eu.   ☐ iu.   ☐ ou.

4. Observe os quadros azul e laranja.

| alto • calda • mal | mau • meu • sou |
| mel • polpa • Sol | auto • cauda • poupa |

a) Agora, forme pares usando uma palavra de cada quadro e que tenham apenas uma letra diferente da outra. Veja o exemplo.

mal	mau	___	___
___	___	___	___
___	___	___	___

b) Leia cada dupla de palavras em voz alta.

CONCLUA!

Os pares **al** e **au**, **el** e **eu**, **ol** e **ou** têm:

☐ escrita igual e pronúncia diferente entre si.

☐ escrita diferente e pronúncia parecida entre si.

5. Complete as palavras com um dos grupos de letras indicados. Em seguida, escreva essas palavras nas frases.

au – al	apl____sos	Os _____ da plateia emocionam o palhaço.
	pesso____	O _____ gosta de ver as atrações do circo.

eu – el	pap____	Recebemos um _____ com o horário do *show* dos acrobatas.
	chov____	_____ muito no feriado.

iu – il	part____	O circo _____ ontem para outra cidade.
	fác____	A vida no circo não deve ser _____, pois os artistas precisam viajar muito.

ou – ol	compr____	Meu pai _____ ingressos para toda a família.
	v____tar	Queremos _____ para ver outras apresentações do malabarista.

REVISÃO

1. Leia os nomes e organize-os na página de contatos do telefone celular.

   Gisele • Giovana • Giovani

   Gustavo • Giuliano

   Gabriela • Gabriel

2. Leia o nome dos brinquedos do quadro.

Brinquedos da Ana	Brinquedos da Laura
aviãozinho, bolinhas, palhaço, ursinho	bicicleta, xadrez, quebra-cabeça, trem elétrico

◆ Compare as palavras das duas colunas do quadro e responda:

a) O que as palavras da coluna **Brinquedos da Ana** têm em comum quanto à grafia?

_____

b) O que as palavras da coluna **Brinquedos da Laura** têm em comum quanto à grafia?

_____

49

3. Encontre abaixo palavras com **mp** e **mb**. Escreva-as nas colunas corretas.

LÂMPADA COMPRA CAMPONÊS TAMBORIM SAMBA BERIMBAU TAMBÉM SOMBRA TEMPO SEMPRE

Palavras com **mp**	Palavras com **mb**
_____	_____
_____	_____
_____	_____
_____	_____

4. Ligue o nome das festas à descrição de cada uma delas. Depois, escreva as palavras nos quadros corretos.

Bumba meu boi   Festa tradicional do Nordeste.

Vaquejada   O boi veste uma roupa toda colorida.

Carnaval   Festa muito popular no Brasil.

Palavras com **au, ou, eu, iu**	Palavras com **al, el, il, ol, ul**
_____	_____
_____	_____
_____	_____

DE OLHO NA LÍNGUA

1. (SAEB Provinha Brasil) Observe a lista de animais a seguir e faça um **X** na única lista que está em ordem alfabética:

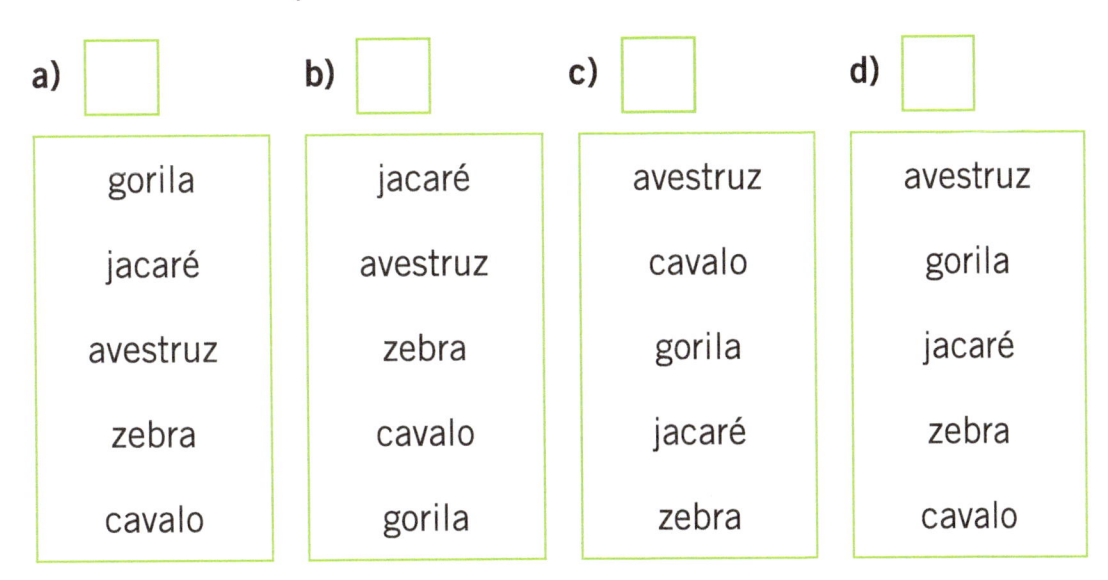

a) ☐	b) ☐	c) ☐	d) ☐
gorila	jacaré	avestruz	avestruz
jacaré	avestruz	cavalo	gorila
avestruz	zebra	gorila	jacaré
zebra	cavalo	jacaré	zebra
cavalo	gorila	zebra	cavalo

2. (PNAIC) Marque um **X** no quadrinho onde está escrito o nome de cada figura.

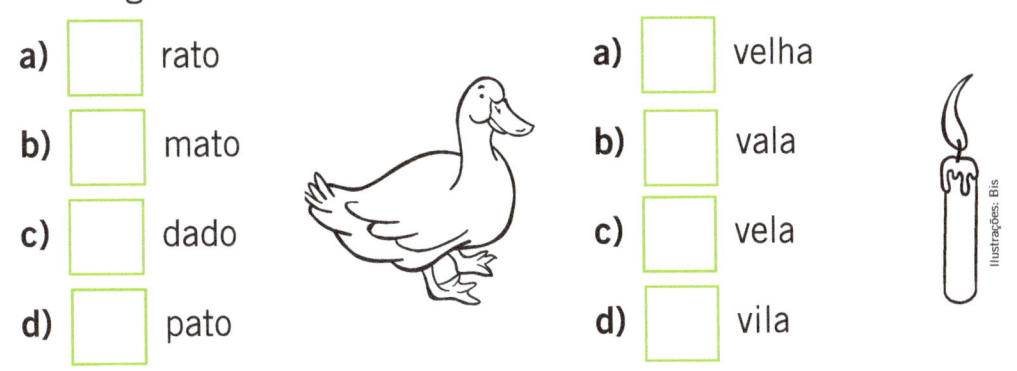

a) ☐ rato
b) ☐ mato
c) ☐ dado
d) ☐ pato

a) ☐ velha
b) ☐ vala
c) ☐ vela
d) ☐ vila

3. (ANA) Marque um **X** no quadrinho onde está escrito o nome da figura ao lado.

a) ☐ baralho
b) ☐ borracha
c) ☐ barraca
d) ☐ bolacha

6 SÍLABA E DIVISÃO SILÁBICA

Leia o trecho de uma reportagem.

http://g1.globo.com/

Araras-azuis ameaçadas de extinção renascem nas matas de Canudos

Arara-azul-de-lear está ameaçada de extinção, mas tem abrigo e proteção na Caatinga

Em um novo dia nos sertões do São Francisco, a paisagem seca vai ganhando cores e as aves começam a cruzar o céu ao amanhecer. Duas, três, dezenas de aves coloridas voam em bandos. Barulhentas e famintas, partem em busca de comida.

A arara-azul-de-lear ainda está ameaçada de extinção, mas no meio da Caatinga tem abrigo e proteção. Elas estão se reproduzindo em liberdade. [...]

Arara-azul.

Disponível em: <http://g1.globo.com/globo-reporter/noticia/2014/11/araras-azuis-ameacadas-de-extincao-renascem-nas-matas-de-canudos.html>. Acesso em: novembro de 2016.

1. O assunto principal do texto é:
   ☐ as aves brasileiras.   ☐ a Caatinga.
   ☐ a arara-azul.   ☐ as matas de Canudos.

2. Leia em voz alta a palavra do quadro.

> a-ra-ra

◆ Quantas vezes você abriu a boca para falar essa palavra?

_____

◆ Em quantas partes a palavra **arara** foi dividida?

_____

Cada parte da palavra que falamos separadamente recebe o nome de **sílaba**. Se para falar uma palavra abrimos a boca três vezes, a palavra tem três sílabas. As palavras podem ter uma ou mais sílabas. Ao escrever as sílabas de uma palavra, em caso de dúvida, fale a palavra em voz alta e verifique quantas vezes você abriu a boca. Assim você saberá como dividir as sílabas corretamente.

3. Observe o exemplo e complete o quadro.

Palavras	Divisão em sílabas	Nº de sílabas	Classificação
tem	tem	1	monossílaba
aves			dissílaba
abrigo			trissílaba
barulhentas			polissílaba

ATIVIDADES

1. Observe nos três quadros as palavras destacadas e compare-as.

> Em um novo dia nos sertões do São Francisco, a paisagem seca vai ganhando cores e as aves começam a cruzar o céu ao amanhecer. Duas, três, dezenas de aves **colori-das** voam em bandos.

> Em um novo dia nos sertões do São Francisco, a paisagem seca vai ganhando cores e as aves começam a cruzar o céu ao amanhecer. Duas, três, dezenas de aves **colo-ridas** voam em bandos.

> Em um novo dia nos sertões do São Francisco, a paisagem seca vai ganhando cores e as aves começam a cruzar o céu ao amanhecer. Duas, três, dezenas de aves **co-loridas** voam em bandos.

a) De quantas formas foi feita a separação das sílabas da palavra **coloridas**?

_____

b) Complete a frase: Separamos as sílabas de uma palavra geralmente em final de _____.

2. Quando uma palavra tem encontro consonantal, dígrafo ou encontro vocálico, precisamos prestar atenção ao separar suas sílabas quando for necessário. Observe:

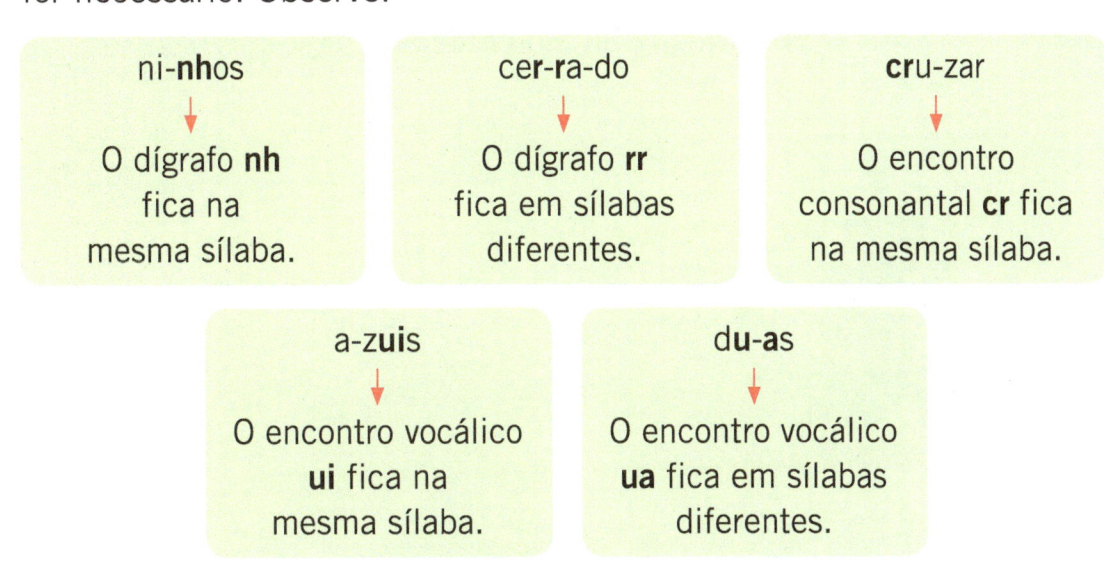

ni-**nh**os → O dígrafo **nh** fica na mesma sílaba.

ce**r**-**r**a-do → O dígrafo **rr** fica em sílabas diferentes.

cru-zar → O encontro consonantal **cr** fica na mesma sílaba.

a-z**ui**s → O encontro vocálico **ui** fica na mesma sílaba.

d**u**-**a**s → O encontro vocálico **ua** fica em sílabas diferentes.

◆ Separe as sílabas das palavras, circule o dígrafo ou encontro vocálico. Depois, complete a última coluna.

Palavra	Separação de sílabas	Mesma sílaba ou sílaba diferente?
ganhando	ga-**nh**an-do	mesma sílaba
grosso		
proteção		
ainda		

CONCLUA!

Os dígrafos **rr** e **ss** ficam sempre em sílabas _____.

Os dígrafos **nh**, **lh** e **ch** ficam sempre na _____ sílaba.

Os encontros vocálicos, quando são pronunciados separadamente, ficam em sílabas _____.

3. Separe os nomes das aves brasileiras que estão no quadro. Escreva-os abaixo e anote nos quadrinhos o número de sílabas. Veja o exemplo.

jacutingagralhainhambusanhaço

| jacutinga | 4 |

4. Leia este texto.

Andorinha

A **andorinha** volta todo ano ao mesmo **ninho**, construído com pelotas de barro **misturadas** com saliva.

Geralmente faz seus ninhos sob os beirais dos **telhados**.

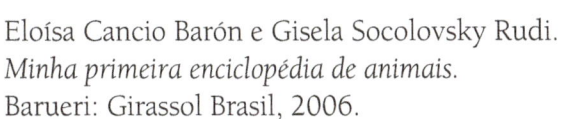

Eloísa Cancio Barón e Gisela Socolovsky Rudi.
Minha primeira enciclopédia de animais.
Barueri: Girassol Brasil, 2006.

a) Separe as sílabas das palavras destacadas no texto. Depois, classifique cada palavra em **monossílaba**, **dissílaba**, **trissílaba** ou **polissílaba**.

Divisão em sílabas	Classificação

◆ Escreva as palavras do quadro acima em que aparece dígrafo.

_____

_____

b) Nessas palavras, os dígrafos ficam:

☐ na mesma sílaba.

☐ em sílabas diferentes.

5. Ajude o galo a encontrar a galinha.
Pista: o caminho correto possui apenas palavras. Nele não há letras soltas.

◆ Marque a resposta correta.

a) As palavras do caminho correto apresentam:

☐ encontro vocálico. ☐ encontro consonantal. ☐ dígrafo.

b) Essas palavras que você encontrou são:

☐ dissílabas. ☐ trissílabas. ☐ polissílabas.

6. Leia o texto e complete as palavras com as sílabas que faltam.
Pista: veja a fotografia do guará.

O guará é considerado por muitas pes-

_____ uma das aves mais bonitas do nos-

_____ país. Sua plumagem é de um verme-

_____ forte porque ele se alimenta de ca-

_____, que têm um pigmento des-

_____ cor. Como em cativeiro esse pás-

_____ tem de comer alimentos diferentes, as

suas plumas ficam num tom rosa desbotado.

Guará.

PARA ESCREVER MELHOR

ORTOGRAFIA: AS - AZ, ES - EZ, IS - IZ, OS - OZ, US - UZ

Leia esta receita.

Arroz de leite

500 gramas de arroz
2 litros de leite
1 xícara de açúcar
Canela e cravo (a gosto)

Modo de preparo

Lavar o arroz e depois colocá-lo para cozinhar na água. Enquanto vai esquentando, acrescente 1 litro de leite e, se desejar, cravo e canela. Não deixe secar totalmente e coloque o outro litro de leite. Em fogo bem baixo, quando estiver quase cozido o arroz, acrescente a xícara de açúcar.

Disponível em: <http://g1.globo.com/rs/rio-grande-do-sul/semana-farroupilha/2015/noticia/2015/09/doces-da-vovo-sao-ensinados-no-acampamento-veja-receitas.html>. Acesso em: novembro de 2016. Adaptado.

1. Leia em voz alta as palavras abaixo, retiradas da receita, e observe as letras destacadas.

arr**oz** • g**os**to

◆ As letras **oz** de arroz e **os** de gosto têm:

☐ grafia igual e som igual.

☐ grafia diferente e som igual.

☐ grafia igual e som diferente.

2. Leia o nome de cada prato e circule as palavras com vogal seguida da letra **s**.

Pastel de carne

Biscoito de leite

Esfirra de forno

Costela com batata

◆ Nessas palavras, você encontrou:

☐ a + s ☐ e + s ☐ i + s ☐ o + s ☐ u + s

3. Complete cada frase com uma das palavras do quadro com a mesma cor indicada no retângulo.

paz – pás   nós – noz   cartas – cartaz

Todos os esquilos gostam de _____.

Devemos lutar pela _____ no mundo.

Vimos o _____ da peça *Chapeuzinho Vermelho*.

Deixe as _____ dentro da caixa.

Meu cabelo está cheio de _____.

Pusemos as _____ no correio ontem.

CONCLUA!

☐ As vogais podem ser seguidas da letra **s** ou da letra **z**.

☐ Nos casos apresentados, **s** e **z** possuem o mesmo som.

4. Escreva na cruzadinha a palavra que corresponde a cada definição. Veja o exemplo.

   a) Dele sai água por todos os lados.

   b) Mulher que atua em filmes e peças de teatro.

   c) Maior ave do mundo.

   d) Órgão do olfato que fica entre a testa e a boca.

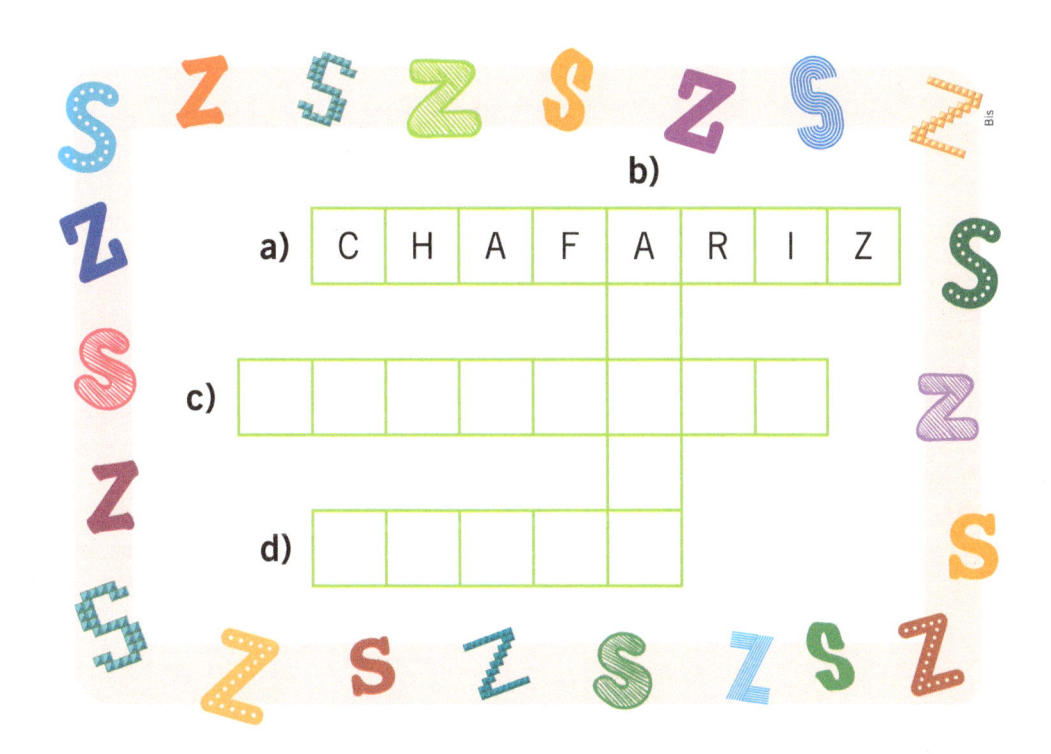

a) C H A F A R I Z

◆ As palavras da cruzadinha são escritas com:

☐ i + s.   ☐ i + z.   ☐ u + s.   ☐ u + z.

5. O que levar para um piquenique? Leia as palavras do quadro.

> copo de plástico • escova • espeto para churrasco
> isca • pastel • petiscos • repelente de mosquito
> rosquinhas • suspiro • vara de pescar

◆ Escreva na lista cinco coisas que podemos levar para um piquenique.

_____
_____
_____
_____
_____

6. Leia os balões de fala e complete-os com o idioma ou a nacionalidade.

Nasci na França. Em meu país falamos _____.

Eu nasci na Inglaterra. Sou _____.

Eu sou brasileira. Aqui no Brasil nós falamos _____.

DIVERTIDAMENTE

DECIFRE O ENIGMA!

◆ Siga os códigos do diagrama e descubra o nome do animal.

	1	2	3	4	5	6
A	H	J	I	F	B	O
B	M	Z	W	K	A	Y
C	L	M	T	E	P	Q
D	U	V	X	G	I	F
E	P	Q	S	H	R	I
F	C	N	J	M	L	K

Quem eu sou?

◆ Eu sou o...

A6	E5	B5	F2	D4	A6	C3	B5	F2	D4	A6

◆ Meu nome é uma palavra _____.

7 SÍLABA TÔNICA

Leia estes versos sobre o jacaré, um animal encontrado em muitos rios brasileiros.

Jacaré no rio
fica só olhando
para a natureza
que está acabando.

Jacaré no rio,
de papo pro ar,
fica só esperando
o tempo passar.
[...]

Carlos Pimentel. *Jardim Zoilógico*. São Paulo: Formato, 2013.

1. Esse poema:

   ☐ conta um fato que aconteceu com um jacaré.

   ☐ dá informações sobre os jacarés.

   ☐ conta uma história sobre um rio.

   ☐ descreve em versos algumas ações de um jacaré.

2. Leia em voz alta estas palavras do poema.

   es **tá**   ja ca **ré**

   ◆ Pinte em cada palavra a sílaba pronunciada com mais intensidade (força).

3. A posição da sílaba tônica não é a mesma em todas as palavras. Observe a posição da **sílaba tônica** nas palavras a seguir.

Antepenúltima	Penúltima	Última
ár	vo	re
	pa	po
ja	ca	**ré**

◆ Agora, leia em voz alta estas outras palavras. Marque com um **X** a posição da sílaba tônica em cada uma delas.

	Antepenúltima sílaba	Penúltima sílaba	Última sílaba
pássaro			
olhando			
está			

Nas palavras de duas ou mais sílabas há sempre uma sílaba que é pronunciada com mais intensidade (força) que as outras. Ela é chamada de **sílaba tônica**.

A posição da sílaba tônica não é a mesma em todas as palavras.

ATIVIDADES

1. Escreva no quadro o nome dos animais abaixo. Em seguida, separe as sílabas e escreva a sílaba tônica. Veja o exemplo.

~~gambá~~ • canguru • hipopótamo • onça

Nome	Sílabas	Sílaba tônica
gambá	gam-bá	bá

2. Observe as fotografias e escreva o nome dos animais, colocando uma sílaba em cada círculo. Depois, pinte as sílabas tônicas.

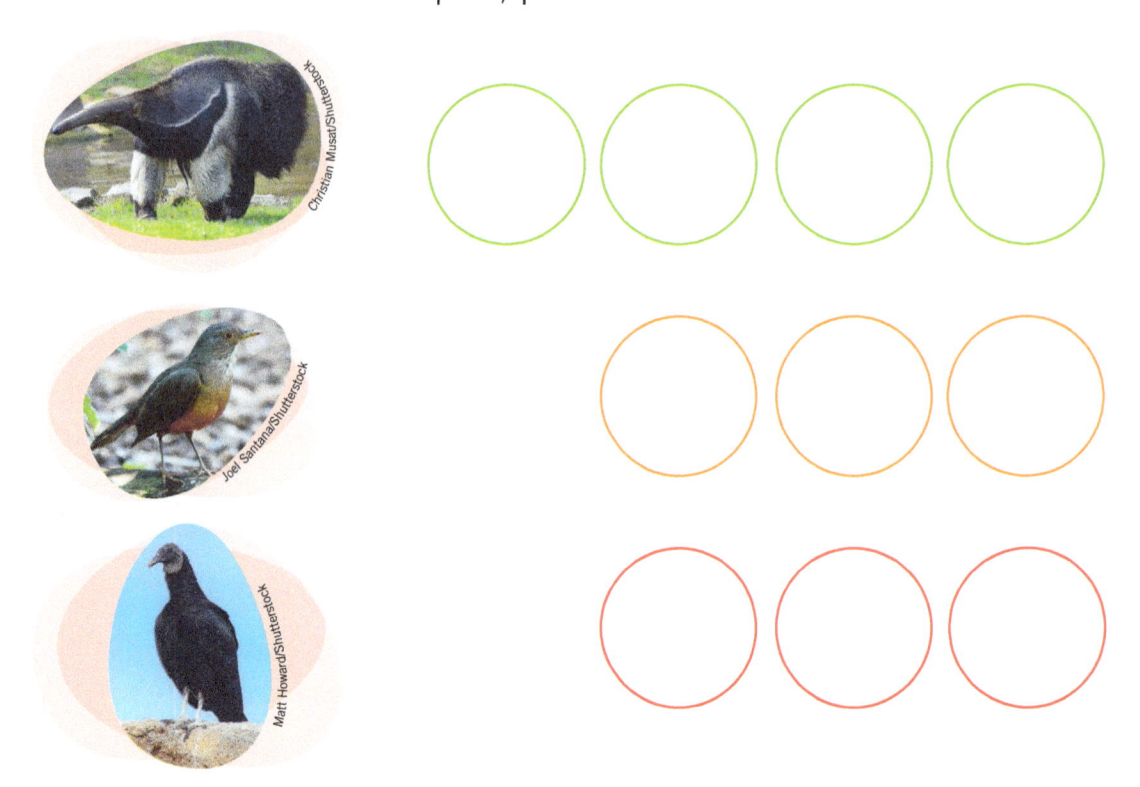

◆ Nessas palavras, a sílaba tônica é a _____.

3. Observe a sílaba tônica indicada nos círculos. Depois, escreva as sílabas que faltam para formar o nome do animal de cada fotografia.

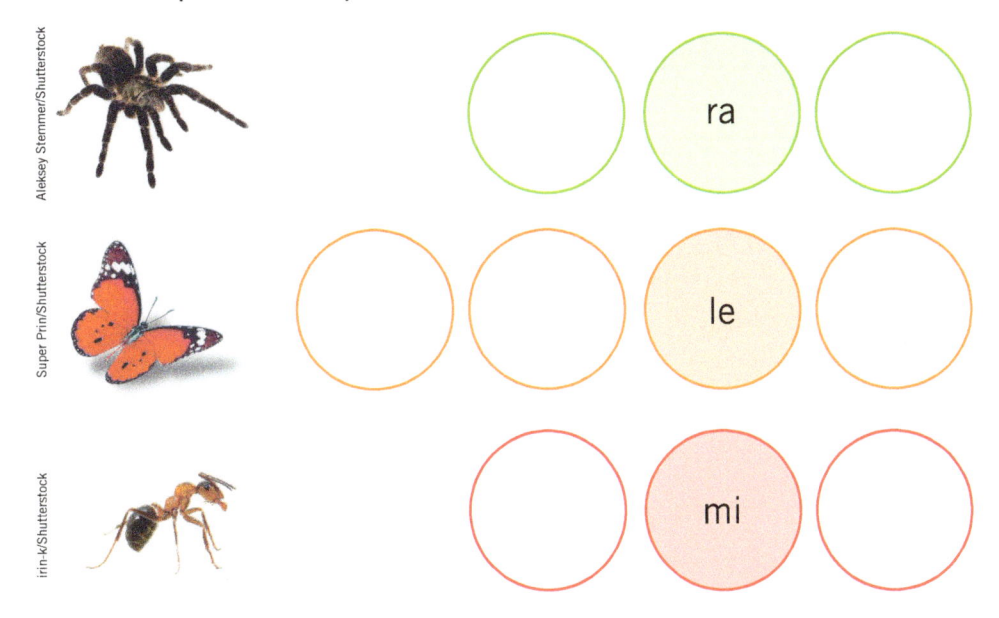

◯ ◯ra ◯

◯ ◯ ◯le ◯

◯ ◯mi ◯

◆ Nessas palavras, a sílaba tônica é a _____.

De acordo com a posição da sílaba tônica, as palavras podem ser classificadas em:
- **proparoxítonas**: a sílaba tônica é a antepenúltima;
- **paroxítonas**: a sílaba tônica é a penúltima;
- **oxítonas**: a sílaba tônica é a última.

4. Circule a sílaba tônica das palavras e escreva-a. Depois, classifique as palavras.

Palavra	Sílaba tônica	Proparoxítona	Paroxítona	Oxítona
floresta				
oceano				
pomar				
pássaro				
quintal				
natureza				

PARA ESCREVER MELHOR
ORTOGRAFIA: AR, ER, IR, OR, UR

Leia o texto e observe as palavras destacadas.

Mestre André é um **contador** de histórias que parece **saber** um pouco de tudo. Mora no alto de uma ladeira, numa daquelas casas com **jardim**, sótão, porão, varanda, biblioteca e piano.

Todo fim de tarde, ele reúne as crianças da rua para falar de coisas como o mundo dos dinossauros, a vida no Polo Norte, o **surgimento** da escrita, histórias da Índia, da China e até do Cazaquistão.

Marcelo Xavier. *Festas – O folclore do Mestre André.* São Paulo: Formato, 2013.

1. Observe as letras destacadas nestas palavras retiradas do texto.

contad**or** • sab**er** • jar**d**im • s**ur**gimento

a) Qual é a letra que aparece após as vogais destacadas?

_____

b) Leia outras palavras em que uma vogal aparece seguida de **r** na mesma sílaba.

am**or** • b**or**boleta • c**ir**co
c**ur**to • part**ir** • s**ur**presa

◆ Nessas palavras, você encontrou:

☐ u + r ☐ i + r ☐ a + r

☐ o + r ☐ e + r

2. Releia o texto e escreva todas as palavras que têm **ar**, **er**, **or** e **ur** em final de sílaba.

| ar | _____ | or | _____ |
| er | _____ | ur | _____ |

3. Encontre abaixo palavras com **ar**, **er**, **ir**, **or** e **ur**. Escreva-as nos quadros correspondentes.

surpresafirmecadernoacertocurtoirmãocorteárvore
verdecircoturmatortocorpoparquepomar

j**ar**dim	sab**er**	ped**ir**
_____	_____	_____
_____	_____	_____
_____	_____	_____

n**or**te	s**ur**gimento
_____	_____
_____	_____
_____	_____

4. Ordene as sílabas do quadro verde e descubra as palavras. Depois, escreva no quadro laranja as sílabas ordenadas.

1	PRE	SA	SUR	
2	DER	NO	CA	
3	TA	LE	BO	BOR
4	RU	TAR	GA	TA
5	LA	MOR	DE	TA

1				
2				
3				
4				
5				

5. Observe as cenas. Para cada uma delas, escolha uma das palavras abaixo e escreva-a no quadro.

circo • farmácia • sorveteria • supermercado

a) Nas palavras que você escreveu acima, pinte as vogais seguidas de **r** nos grupos **ar**, **er**, **ir** e **or**.

b) Agora, escolha duas dessas palavras e escreva uma frase com elas.

_____

_____

DIVERTIDAMENTE

Hora de ir para a escola!

◆ Circule em cada quadro a sílaba tônica das palavras.

| classe | caderno | lápis |
| régua | mochila | turma |

| apagador | papel | professor |
| lição | computador | correção |

| ônibus | gramática | ângulo |
| dúvida | matemática | sílaba |

◆ Agora, complete as frases.

- A sílaba tônica das palavras do quadro amarelo é a _____.
  Essas palavras são _____.

- A sílaba tônica das palavras do quadro azul é a _____.
  Essas palavras são _____.

- A sílaba tônica das palavras do quadro vermelho é a _____. Essas palavras são _____.

8 ACENTUAÇÃO

Leia os títulos de livros a seguir. Observe os acentos gráficos das palavras destacadas.

Livros lidos no ano

1. *Aladim e a **lâmpada** maravilhosa*, de Antoine Galland, editora **Ática**.
2. *O **calendário***, de Mirna Gleich Pinsky, editora FTD.
3. *Do jeito que **você é***, de Telma Guimarães Castro Andrade, editora Formato.
4. *Coisas de **índio***, de Daniel Munduruku, editora Callis.
5. *A lenda do **guaraná***, de Ciça Fittipaldi, editora Melhoramentos.
6. *Uma escola assim, eu quero pra mim*, de Elias **José**, editora FTD.
7. *A escola de magia e outras **histórias***, de Michel Ende, editora Martins Fontes.
8. ***Histórias** de **avô** e **avó***, de Arthur Nestrovski, editora Cia. das Letrinhas.
9. *Viva a **música**!*, de Os Gatos Pelados, editora Cia. das Letrinhas.
10. *A arca de **Noé***, de Vinicius de Moraes, editora Cia. das Letras.

1. A finalidade deste texto é:

    ☐ narrar várias histórias.

    ☐ fazer uma encomenda de livros.

    ☐ apresentar uma lista de livros.

    ☐ divertir o leitor.

2. Releia este título e fale em voz alta as duas palavras destacadas.

> Histórias de **avô** e **avó**

a) As palavras destacadas:

☐ são escritas com as mesmas letras e são pronunciadas da mesma maneira.

☐ são escritas com as mesmas letras, mas são pronunciadas de modo diferente.

b) Observe o acento gráfico colocado na vogal **o**. Esse acento:

☐ não altera o sentido da palavra.

☐ altera o sentido da palavra.

Quando necessário, usamos o acento agudo (´) e o acento circunflexo (^) sobre as vogais para indicar a sílaba tônica das palavras. Observe.

av**ó** ⟶ ´

sílaba tônica   acento **agudo** indica **som aberto**

av**ô** ⟶ ^

sílaba tônica   acento **circunflexo** indica **som fechado**

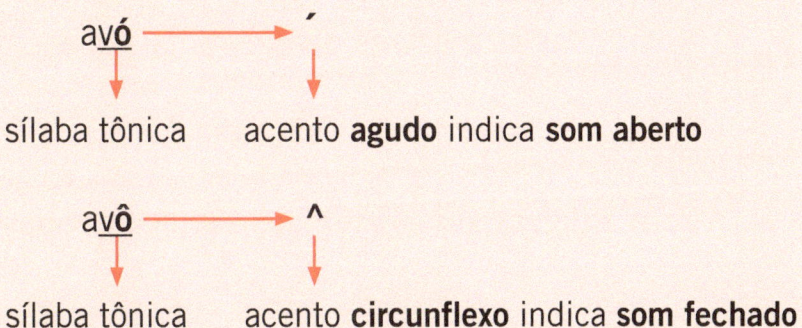

Veja outros exemplos nos títulos que lemos.

Palavras com acento agudo: guaran**á** – No**é** – **í**ndio – hist**ó**rias – m**ú**sica.

Palavras com acento circunflexo: l**â**mpada – voc**ê**.

ATIVIDADES

1. Complete as palavras do diagrama com as sílabas que faltam.
   Pista: as palavras que você deve completar estão entre as relacionadas abaixo do diagrama.

		dá	
ré			
	má		
lá			
		í	
	lên		
tê			

armário • calendário • cantina • escola • lápis • mochila
professora • régua • sanduíche • silêncio • tênis

◆ Marque com um **X** as respostas corretas:

☐ Todas as palavras do diagrama são acentuadas.

☐ Nem todas as palavras do diagrama são acentuadas.

☐ Todas as sílabas tônicas são acentuadas.

☐ Nem todas as sílabas tônicas são acentuadas.

CONCLUA!

☐ As palavras acentuadas podem levar acento em qualquer de suas sílabas.

☐ As palavras acentuadas levam acento sempre em sua sílaba tônica.

2. Forme palavras seguindo as setas e escreva-as nas linhas abaixo.

Diagrama 1			
BU	MEU	CÊS	BA
LA	FRAN	CRIS	IM
DA	CIAS	Ô	TIR
FRAS	ÊN	NI	PIM
CI	EN	GI	BUS

Diagrama 2			
RA	TEM	HIS	TÓ
CAR	CA	RO	RIA
VA	TI	MÁ	SEM
MÁ	PRI	CAM	GI
GRA	SIM	CA	DO

_____

_____

_____

_____

_____

_____

◆ No diagrama 1, as palavras recebem acento:

☐ agudo.

☐ circunflexo.

◆ No diagrama 2, as palavras recebem acento:

☐ agudo.

☐ circunflexo.

3. Observe estas duplas de palavras.

maio • maiô

camelo • camelô

◆ O que acontece quando se acrescenta o acento circunflexo?

_____

CONCLUA!

☐ Um acento pode mudar o significado de uma palavra.

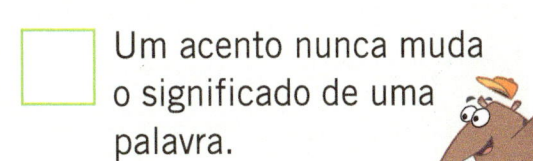

☐ Um acento nunca muda o significado de uma palavra.

4. Na lista de compras, algumas palavras não foram acentuadas. Reescreva a lista acentuando-as corretamente.

Compras

1 pacote de cafe
5 pacotes de açucar
3 garrafas de guarana
2 garrafas de agua tonica
6 maracujas
1 abobora
6 pessegos
2 latas de oleo
5 lampadas

Compras

PARA ESCREVER MELHOR
ORTOGRAFIA: R, RR

Leia em voz alta estas adivinhas.

O que é o que é que cai em pé e corre deitado?

Adivinha popular.

O que é o que é que fica rodando, rodando, mas não sai do lugar?

Adivinha popular.

1. Leia em voz alta estas palavras das adivinhas e compare-as.

   corre • rodando

   a) O som das letras **rr** e **r** é:

   ☐ igual nas duas palavras. ☐ diferente nas duas palavras.

   b) A diferença na grafia das palavras é que as letras _____ formam um dígrafo e a letra _____ é uma consoante no início da palavra.

2. Leia novamente as palavras da atividade 1 em voz alta.

   a) Marque com um **X** a resposta correta.

   ☐ As letras **rr** têm som forte. ☐ A letra **r** tem som forte.

   ☐ As letras **rr** têm som fraco. ☐ A letra **r** tem som fraco.

   b) Agora, leia estas palavras e marque se o som de **r** é forte ou fraco.

palavra		
rua	☐ forte	☐ fraco
relógio	☐ forte	☐ fraco
correio	☐ forte	☐ fraco
ferro	☐ forte	☐ fraco

CONCLUA!

A letra **r** no início de palavra e quando é dobrada tem som:

☐ fraco.   ☐ forte.

3. Leia as palavras e circule as letras que vêm antes e depois de **rr**.

> barraca • carroça • charrete • gangorra • garrafa
> gorro • guitarra • marrom • morro • sorriso

◆ Essas letras são vogais ou consoantes? _____

CONCLUA!

Quando a letra **r** aparece entre vogais e tem som forte deve ser escrita:

☐ somente uma vez.   ☐ duas vezes.

4. Forme palavras de três sílabas com as peças do quebra-cabeça.
Atenção: as peças devem ser usadas uma só vez.

_____

_____

_____

a) Complete: todas as palavras que você encontrou escrevem-se com

_____.

b) Nessas palavras, as letras **r** e **rr** têm:

☐ pronúncia igual.   ☐ pronúncia diferente.

☐ escrita igual.   ☐ escrita diferente.

5. Para cada animal, escreva o nome do som que ele faz. Escolha uma das palavras do quadro.

> arrulho • berro • relincho • rugido

ovelha _____   cavalo _____

leão _____   pomba _____

◆ Escolha um animal e o nome do som que ele faz e escreva uma frase com essas palavras e outras que você quiser.

_____

6. Faça uma lista de compras para a sua casa. Nela devem aparecer palavras escritas com **r** inicial e com **rr**.

Lista de compras para a casa

DIVERTIDAMENTE

◆ Leia as definições abaixo, retiradas de um dicionário, e escreva a que palavras elas se referem.
Pista: observe as figuras e as letras que já estão nos quadrinhos. Vamos ver quantas palavras você conseguirá descobrir!

1 "Soltar urros, gritar à maneira de urro."

☐ r r ☐ ☐

2 "Massa nutritiva feita de farinha de trigo e ovos em vários formatos."

☐ ☐ ☐ ☐ r r ☐ ☐

3 "Movimento violento dos músculos das vias respiratórias, seguido da saída barulhenta do ar pelo nariz e pela boca."

☐ ☐ ☐ ☐ r r ☐

4 "Recipiente de vidro, de plástico etc. com gargalo e sem alça, usado para guardar líquidos."

☐ r r ☐ ☐ ☐

5 "Ato de rir de modo suave, mostrando simpatia ou felicidade."

☐ ☐ r r ☐ ☐ ☐

Saraiva Júnior: *Dicionário da Língua Portuguesa Ilustrado*. São Paulo: Saraiva, 2014.

REVISÃO

1. Ajude o menino a descobrir o caminho que leva às aves.

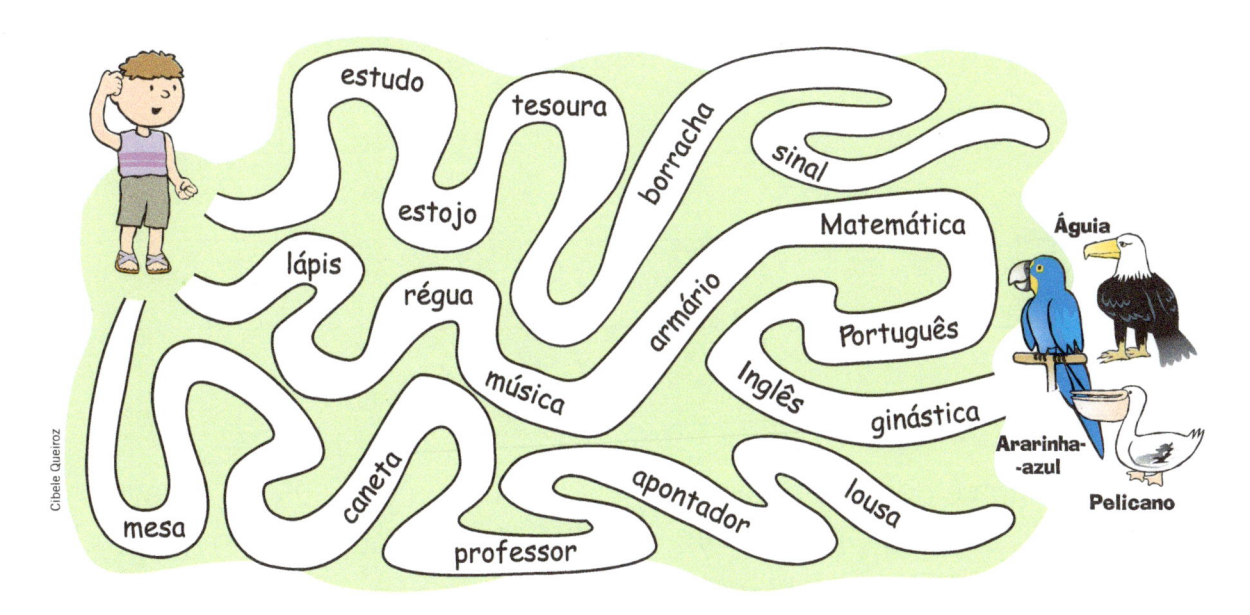

   Palavras do caminho: lápis, régua, música, armário, Matemática, Português, ginástica, Águia, Ararinha-azul, Pelicano

   a) Escreva nas colunas corretas as palavras do caminho que levou o menino às aves, de acordo com a posição da sílaba tônica.

Antepenúltima sílaba	Penúltima sílaba	Última sílaba

   b) Pinte a sílaba tônica de cada uma dessas palavras.

   c) Agora, observe atentamente essas sílabas que você pintou. Marque a resposta correta.

   ☐ Todas têm acento gráfico.

   ☐ Nem todas têm acento gráfico.

81

2. Leia abaixo o nome dos animais. Escreva cada um deles nos quadros corretos.

> borboleta • cervo • formiga • garça • lagartixa • lagarto
> merluza • morcego • serpente • tartaruga • orca

a + r	e + r	o + r
_____	_____	_____
_____	_____	_____
_____	_____	_____
_____	_____	_____

3. Leia o nome destes pratos regionais brasileiros e circule as palavras com **as**, **es**, **is**, **os**, **us**, **oz** e **uz**. Escolha dois e escreva-os no quadro.

CARDÁPIO

Pratos

- Arroz de cuxá (Maranhão)
- Baião de dois (Piauí)
- Casquinha de caranguejo (Pará)
- Costela de boi assada (Rio Grande do Sul)
- Cuscuz de tapioca com carne de sol (Bahia)
- Tutu de feijão com torresmo (Minas Gerais)
- Virado à paulista (São Paulo)

Minhas escolhas

_____

_____

4. Descubra as palavras escondidas nas faixas e pinte cada uma conforme as cores do quadro.

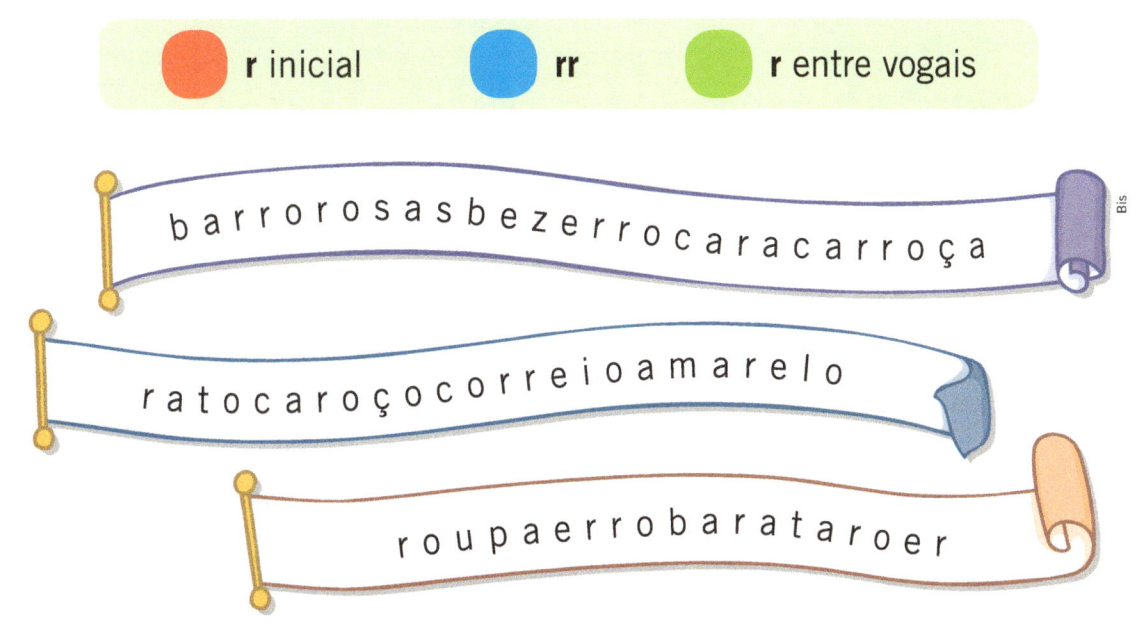

- 🔴 r inicial
- 🔵 rr
- 🟢 r entre vogais

b a r r o r o s a s b e z e r r o c a r a c a r r o ç a

r a t o c a r o ç o c o r r e i o a m a r e l o

r o u p a e r r o b a r a t a r o e r

a) Agora, escreva cada palavra no quadro correto.

r inicial	rr	r no meio da palavra
	barro	

b) Complete as linhas em branco dos quadros com outras palavras, de acordo com o que é indicado em cada um deles.

9 A FRASE E OS TIPOS DE FRASE

Leia esta tirinha.

Quadrinho 1: ISSO SÃO HORAS DE COMER DOCES, FILHO?

Quadrinho 2: VOCÊ SABE QUE BISCOITOS NÃO SÃO AMIGOS DOS DENTES!
SIM, EU SEI...

Quadrinho 3: MAS TALVEZ ELES POSSAM FAZER AS PAZES...

Alexandre Beck
beckilustras@gmail.com

1. A finalidade do texto é, principalmente:

   ☐ dar uma notícia ao leitor.   ☐ divertir o leitor.

   ☐ dar uma informação ao leitor.

2. Releia abaixo as falas da tirinha. Depois, escreva a intenção de cada uma delas de acordo com as opções do quadro.

   > afirmar alguma coisa • negar alguma coisa
   > perguntar alguma coisa

   a) Isso são horas de comer doces, filho?

   _____

   b) Sim, eu sei...

   _____

3. De acordo com a intenção que temos ao escrever ou falar, as frases podem ser de vários tipos. Leia estas frases e numere-as de acordo com a intenção de cada uma delas.

- ☐ Isso são horas de comer doce?
- ☐ Ai, meu dente está doendo!
- ☐ Doces e dentes não são amigos.
- ☐ Devemos sempre escovar os dentes.

1. Frase afirmativa: afirmar alguma coisa.

2. Frase interrogativa: perguntar alguma coisa.

3. Frase negativa: negar alguma coisa.

4. Frase exclamativa: indicar uma emoção (espanto, admiração, tristeza, alegria, surpresa).

Frase é uma palavra ou um conjunto de palavras que expressa um sentido.

Podemos formar frases de vários tipos, dependendo de nossa intenção ao escrever ou falar.

- ◆ para perguntar ⟶ interrogativa
- ◆ para afirmar ⟶ afirmativa
- ◆ para negar ou recusar ⟶ negativa
- ◆ para indicar espanto, admiração, tristeza, alegria, surpresa ⟶ exclamativa

85

ATIVIDADES

1. Leia a frase.

   > Sou uma conhecida personagem de história em quadrinhos.

   a) Essa frase indica:

   ☐ uma pergunta.　　　☐ uma afirmação.

   ☐ uma exclamação.　　☐ uma negação.

   b) Essa frase é:

   ☐ afirmativa.　　☐ negativa.

   ☐ exclamativa.　　☐ interrogativa.

2. Podemos também formar frases para:

   ◆ perguntar e indicar espanto ao mesmo tempo;
   ◆ afirmar e demonstrar admiração ao mesmo tempo.

   ◆ Escreva a intenção de cada uma das frases.

   | Mas o que é isso?! | _____ |

   | É um dinossauro! | _____ |

CONCLUA!

As frases devem iniciar-se com _____

e terminar com um _____ .

3. Leia esta tirinha e circule os sinais de pontuação que encontrar.

Dik Browne. *O melhor de Hagar, o Horrível.* vol. 1. Porto Alegre: L&PM, 2005.

◆ Retire da tirinha e escreva:

a) uma frase que indica pergunta.

_____

b) uma frase que expressa uma afirmação.

_____

_____

c) uma frase que indica reclamação, tristeza.

_____

_____

4. Releia a frase do último quadrinho.

> Essa frase sempre estraga meu apetite!

◆ Transforme essa frase em:

a) uma frase afirmativa.

_____

b) uma frase negativa.

_____

5. Observe as cenas. Escreva uma frase para cada uma delas de acordo com o que você acha que os personagens estão dizendo.

a) Escreva uma frase interrogativa.

_____
_____
_____
_____

b) Escreva uma frase exclamativa.

_____
_____
_____
_____

c) Escreva uma frase afirmativa.

_____
_____
_____
_____

d) Escreva uma frase negativa.

_____
_____
_____
_____

PARA ESCREVER MELHOR
ORTOGRAFIA: R ENTRE VOGAIS

Leia esta quadrinha.

> Eu plantei um pé de rosa
> Para te dar um botão
> O pé de rosa morreu
> Eu te dou meu coração.
>
> Quadrinha popular.

1. Leia em voz alta estas duas palavras e observe as letras destacadas.

rosa • coração

a) Nessas duas palavras, a letra **r** representa:

☐ som igual.   ☐ som diferente.

b) Em **coração**, a letra **r** representa som:

☐ mais forte que em **rosa**.

☐ mais fraco que em **rosa**.

CONCLUA!

☐ A letra **r** representa sempre o mesmo som.

☐ A letra **r** representa som mais fraco entre vogais.

2. Leia em voz alta e compare estas palavras da quadrinha.

> morreu • coração

a) Nessas duas palavras, a letra **r** representa:

☐ o mesmo som.   ☐ som diferente.

b) As letras **rr** e **r** aparecem:

☐ entre vogais.   ☐ entre consoantes.

CONCLUA!

☐ Quando a letra **r** aparece entre vogais e representa som mais forte, deve ser dobrada na escrita.

☐ A letra **r** entre vogais sempre representa som mais forte.

3. Escreva o nome dos alimentos de acordo com as fotografias.

_____   _____

_____   _____

_____   _____

_____   _____

◆ Nas palavras que você escreveu, a letra **r** representa:

☐ som mais forte que em **beterraba**.

☐ som mais fraco que em **beterraba**.

DIVERTIDAMENTE

Descubra o nome de alguns animais!

◆ Complete os espaços do diagrama com as sílabas do quadro e forme palavras.

Atenção: algumas sílabas podem se repetir em mais de uma palavra. Vamos ver quem descobre mais nomes!

BE	CA	CAN	CAR	CO	CU
GU	JA	NEI	PE	PO	
QUI	RE	SA	SOU	SU	TO

RA

RÉ

RI

RO

RU

RA

RE

RI

RO

RU

10 A FRASE E OS SINAIS DE PONTUAÇÃO

Leia o texto.

Gato malandro

Um gato estava caçando um rato. Depois de muita correria, o rato esconde-se em sua toca e escuta um latido:

— Au! Au! Au!

Pensando que estava salvo, o rato sai da toca e o gato o abocanha!

Antes de ser engolido, o rato pergunta pro gato:

— Mas e o cachorro que estava aqui?

E o gato:

— Pois é, meu filho.... Hoje em dia, quem não fala dois idiomas não sobrevive!

Disponível em: <http://criancas.uol.com.br/piadas/livro-de-piadas/gato-malandro.jhtm>. Acesso em: novembro de 2016.

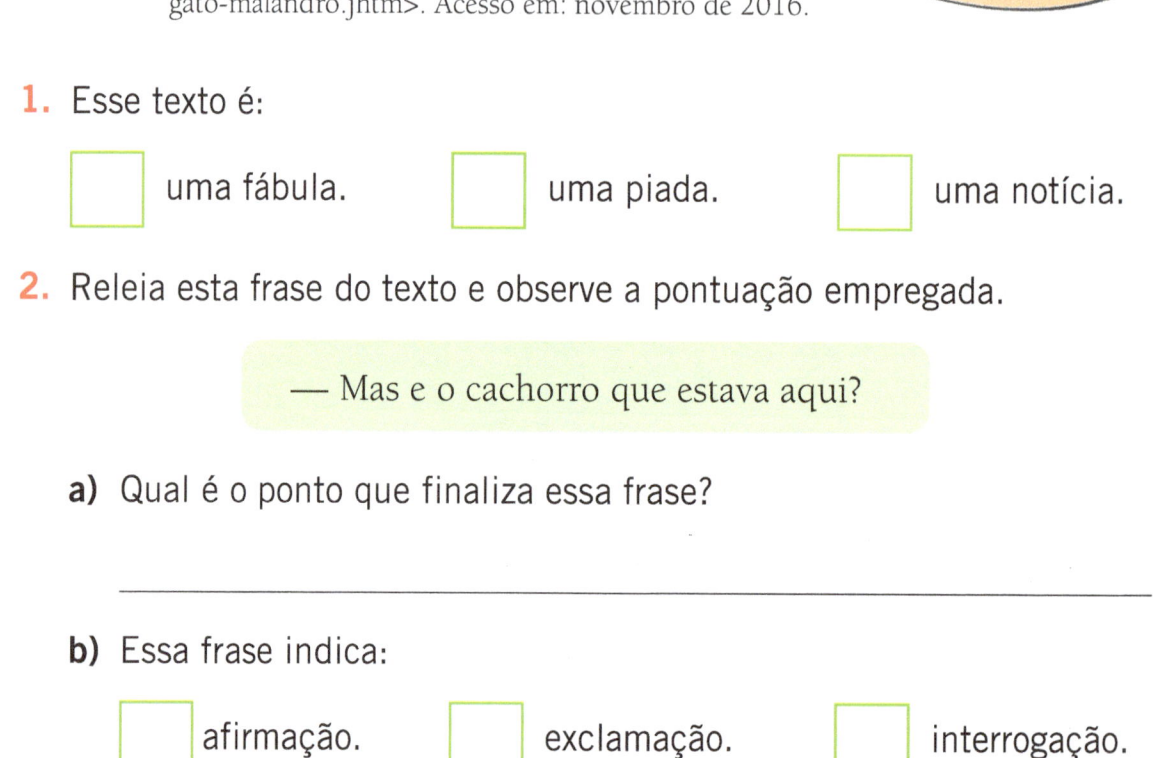

1. Esse texto é:

☐ uma fábula.   ☐ uma piada.   ☐ uma notícia.

2. Releia esta frase do texto e observe a pontuação empregada.

> — Mas e o cachorro que estava aqui?

a) Qual é o ponto que finaliza essa frase?

_____

b) Essa frase indica:

☐ afirmação.   ☐ exclamação.   ☐ interrogação.

3. Releia outra frase do texto e observe novamente a pontuação empregada.

> Um gato estava caçando um rato.

◆ Qual é a intenção dessa frase?

_____

Na escrita, a pontuação indica para o leitor a intenção de quem escreve.

Veja os quadros das frases e os sinais de pontuação.

Ponto	
Usado para indicar uma afirmação ou negação.	O rato escutou um latido.
	O rato não conseguiu fugir do gato.

Ponto de interrogação	
Usado para indicar alguma pergunta.	Onde estava o cachorro?

Ponto de exclamação	
Usado para indicar surpresa, espanto, raiva, alegria.	Puxa, o gato falava dois idiomas: o "gatês" e o "cachorrês"!

ATIVIDADES

1. Ligue cada frase à intenção que ela indica.

   Vou lhe fazer uma última pergunta.   negar

   Como você sabe?   perguntar

   Essa resposta eu não sei.   afirmar

2. Leia em voz alta estas frases. Depois, complete os itens.

   Frase 1   Um gato tem mais de mil pelos.

   Frase 2   Um gato tem mais de mil pelos?

   Frase 3   Um gato tem mais de mil pelos!

   a) Na frase 1, a intenção é _____ e foi usado o

   _____.

   b) Na frase 2, a intenção é _____ e foi usado o

   _____.

   c) Na frase 3, a intenção é expressar _____,

   _____ e foi usado o _____.

   ◆ Marque com um **X** as respostas corretas.

   ☐ As três frases têm a mesma intenção e o mesmo sentido.

   ☐ As três frases têm intenções e sentidos diferentes.

   ☐ A intenção de cada frase é marcada pelas palavras usadas.

   ☐ A intenção de cada frase é marcada pela pontuação usada.

CONCLUA!

Uma pontuação diferente:

☐ pode mudar o sentido de uma frase.

☐ não muda o sentido de uma frase.

3. Coloque no bilhete os sinais de pontuação que faltam.

> Eu não consigo encontrar meu caderno de lições
> Será que eu o deixei na escola
> Alguém o viu aqui em casa
> Eu já procurei na estante e no escritório
> Por favor, me ajudem
> Daniel

◆ Marque com um **X** a resposta correta.

☐ Nesse texto, temos duas frases interrogativas.

☐ Nesse texto, não temos nenhuma frase interrogativa.

4. Organize as palavras de cada quadro e forme uma frase afirmativa. Você terá de usar outras palavras também. Escreva as frases abaixo.

A	B	C
animais perto domésticos vivem ser humano	animais florestas matas selvagens vivem	animais extintos mais não existem

A _____

B _____

C _____

95

◆ Marque com um **X** a resposta correta.

☐ Nessas frases, você usou ponto e letra inicial maiúscula.

☐ Nessas frases, você não usou letra maiúscula.

☐ Nessas frases, você não usou ponto.

5. Leia os balões de fala e coloque a pontuação correta de acordo com a figura. Em seguida, marque o que cada frase indica.

"Alguém viu minha bola___"

☐ tristeza
☐ espanto
☐ pergunta
☐ afirmação

"Sua bola caiu atrás do muro___"

☐ afirmação
☐ surpresa
☐ pergunta
☐ negação

"Que chato___"

☐ pergunta
☐ afirmação
☐ tristeza
☐ espanto

PARA ESCREVER MELHOR
ORTOGRAFIA: CE, CI

Leia esta parlenda.

A casinha da vovó
cercadinha de cipó.
O café tá demorando
Com certeza não tem pó.

Parlenda popular.

1. Leia em voz alta estas palavras e observe as sílabas destacadas.

casinha • **ci**pó

◆ Nessas palavras, a letra **c**:

☐ tem som igual. ☐ tem som diferente.

2. Leia em voz alta mais estas palavras e compare as vogais destacadas.

café • **ce**rcadinha • **ci**pó

a) Em quais das palavras a letra **c** tem som /s/?

_____

b) E quais são as vogais que vêm depois da letra **c** nessas palavras?

_____

3. Observe as palavras do quadro.

café • **ce**rteza • **ci**pó

◆ Circule a palavra em que a letra **c** tem som /k/. Agora, pinte a vogal que vem depois da letra **c** nessa palavra.

97

CONCLUA!

Antes das vogais _____, a consoante **c** tem som /s/.

Antes da vogal _____, a letra **c** tem som /k/.

4. Complete as palavras com as sílabas destacadas e depois escreva-as.

cipó	Forme a palavra	Escreva a palavra
	_____ências	
	ma_____o	

do**ce**	Forme a palavra	Escreva a palavra
	_____na	
	a_____so	

5. Observe as figuras e escreva o nome de cada animal.

_____   _____

_____   _____

◆ Complete as frases.

a) Escrevem-se com **ce** os nomes do _____

e da _____.

b) Escrevem-se com **ci** os nomes do _____

e da _____.

6. Leve a menina ao seu animal de estimação. Pinte as palavras escritas com **ce** ou **ci** que você encontrar pelo caminho.

MELANCIA • AZEDO • ALFACE • SELO • SÍTIO • CIPÓ • CENOURA • ACEROLA • CEBOLA • SECA

◆ Quais palavras você encontrou com a sílaba **ce** ou **ci**?

_____

7. Complete as informações sobre a iguana com as palavras do quadro e conheça mais sobre esse animal.

Central • cima • conhecido • espécie • exercícios • fornecer

Origem: América _____ e norte da América do Sul.

Aparência: _____ de lagarto.

Alimentação: legumes e frutas.

Cuidados:
- ◆ devem-se _____ vitaminas de 2 a 3 vezes por semana.
- ◆ precisa fazer _____ para não engordar muito.

Curiosidades:
- ◆ quando ameaçada, estica o corpo, balança para _____ e para baixo e infla o pescoço.
- ◆ é também _____ como **camaleão**.

EURECA!

◆ Um texto com a pontuação errada pode dar confusão!
Tente entender esta mensagem que um misterioso jovem deixou sobre a mesa do detetive que investigava um caso.
Escreva a mensagem como você a entendeu, colocando pontuação. Converse com os colegas e compare sua resposta com as deles.

> O verdadeiro culpado carregava uma mala preta na cabeça, usava um chapéu marrom nos pés, calçava tênis preto nos olhos, tinha grandes óculos de sol no pescoço, ele tinha amarrado uma estranha gravata roxa.

_____
_____
_____
_____
_____
_____
_____

DE OLHO NA LÍNGUA

1. (SAEB – Provinha Brasil) Faça um **X** no quadrinho que mostra o número de sílabas da palavra COMPUTADOR.

   a) ☐ 5
   b) ☐ 4
   c) ☐ 3
   d) ☐ 1

2. (ANA) Observe o quadro e circule as palavras com **ce** e **ci**.

   cenoura • bola • saci • cebola • cozinha • cavalo • bacia • sala
   carro • cinema • fazenda • livro • doce • boneca • vacina

   Agora, marque a alternativa que relaciona as palavras que você circulou:

   a) ☐ cozinha, vacina, boneca, doce, cavalo, sala, cinema.

   b) ☐ cenoura, saci, cebola, vacina, doce, bacia, cinema.

   c) ☐ sala, carro, saci, cebola, cozinha, vacina, fazenda.

   d) ☐ bacia, cenoura, saci, cebola, cozinha, fazenda, livro.

3. (SAEB – Provinha Brasil) Quantas palavras a frase tem?

   Eu quero uma coxinha.

   a) ☐ 1   c) ☐ 3
   b) ☐ 2   d) ☐ 4

11 OUTROS SINAIS DE PONTUAÇÃO

Leia este texto e divirta-se com ele.

Conta na feira

A professora pergunta aos alunos:
— Se eu vou à feira e como três peras, sete bananas, 15 laranjas e uma melancia, qual será o resultado?
Do fundo da sala, alguém grita:
— Uma dor de barriga!

Disponível em: <http://criancas.uol.com.br/piadas/livro-de-piadas/conta-na-feira.jhtm>. Acesso em: outubro de 2016.

1. O texto trata de:

    ☐ um aluno que não sabe fazer contas.

    ☐ uma brincadeira entre os alunos na sala de aula.

    ☐ uma aula de Matemática.

2. Releia estas frases do texto.

    > Qual será o resultado?
    > — Uma dor de barriga!

    ◆ Quais foram os pontos empregados nessas frases?
    _____
    _____

3. Agora, releia este trecho da piada e observe os sinais de pontuação destacados.

    > A professora pergunta aos alunos:
    > — Se eu vou à feira e como três peras, sete bananas, 15 laranjas e uma melancia, qual será o resultado?

a) Os dois-pontos (:) indicam:

☐ que alguém vai falar alguma coisa.

☐ que alguém já falou.

b) O travessão (—) indica:

☐ a fala de alguém.

☐ o começo da frase.

◆ Para reproduzir o que disseram a professora e o aluno, o narrador do texto usou os _____ e um _____ na linha seguinte.

4. Observe as vírgulas, outro sinal de pontuação usado no texto.

> — Se eu vou à feira e como três peras, sete bananas, 15 laranjas e uma melancia, qual será o resultado?

◆ Nesse trecho:

☐ as vírgulas destacadas separam os elementos de uma enumeração.

☐ as vírgulas destacadas não separam as palavras da enumeração.

Veja o quadro com esses sinais de pontuação.

Nomes dos sinais de pontuação	Sinais de pontuação	Uso dos sinais
dois-pontos	:	Indica que alguém vai falar.
travessão	—	Indica a fala de alguém.
vírgula	,	Separa os elementos de uma enumeração.

103

ATIVIDADES

1. Leia as palavras do quadro e a frase escrita em seguida.

   - o diretor
   - duas professoras
   - dois alunos
   - duas alunas

   O diretor, duas professoras, dois alunos e duas alunas estavam conversando na sala.

   a) Circule as vírgulas que apareceram na frase.

   b) Nessa frase, as vírgulas foram usadas para separar:

   ☐ as palavras de uma enumeração.

   ☐ os nomes de pessoas.

2. Escreva o nome de quatro frutas que você pediria para um familiar comprar na feira.

   _____   _____

   _____   _____

   a) Agora, complete a frase com esses nomes.

   — Eu vou à feira para comprar _____

   _____

   b) Na frase que escreveu, você usou:

   ☐ dois-pontos.   ☐ travessão.   ☐ vírgulas.

104

3. Leia o texto e observe os sinais de pontuação destacados.

— A bola sumiu! — gritou o João.
— O Sol a queimou! — gritou a Maria.
— Que nada! Que nada! A bola, guria, foi para o Japão!

Alexandre Azevedo. *A Lua e a bola*. São Paulo: Formato, 2014.

a) O travessão foi usado para:

☐ indicar a fala dos personagens.   ☐ separar palavras.

b) O ponto de exclamação foi usado para indicar:

☐ negação.   ☐ interrogação.   ☐ espanto e surpresa.

4. Leia esta frase sobre a Lua.

> Na Lua, há planícies, vales, covas, montanhas, crateras, rochas e poeira.

◆ Nessa frase, há uma enumeração das coisas que se podem encontrar na Lua.

a) Quais são elas?

_____

_____

b) Qual é o sinal de pontuação usado para separar o nome desses elementos?

_____

CONCLUA!

Usamos a vírgula para _____

_____.

PARA ESCREVER MELHOR
ORTOGRAFIA: GE, GI, JE, JI

Leia esta notícia.

http://jovempan.uol.com.br

Horário de Verão: fique ligado e ajuste os relógios hoje!

A partir da 0h deste domingo, os brasileiros que vivem nas regiões Sul, Sudeste e Centro-Oeste e no estado do Tocantins terão que adiantar seus relógios em uma hora devido ao início do Horário de Verão. [...]

Disponível em: <http://jovempan.uol.com.br/noticias/brasil/horario-de-verao-fique-ligado-e-ajuste-os-relogios-hoje.html>. Acesso em: novembro de 2016.

1. Leia em voz alta estas palavras do texto.

   relógios • hoje

   a) Essas palavras escrevem-se com a letra:

   ☐ g   ☐ j

   b) As letras **g** e **j** dessas palavras têm som:

   ☐ igual.   ☐ diferente.

2. Leia novamente estas palavras em voz alta.

> regiões • ajuste

a) Circule de azul a letra **g** e de vermelho a letra **j**.

b) Essas letras têm:

☐ som igual.   ☐ som diferente.

CONCLUA!

A letra _____ pode representar o som /je/ em algumas palavras.

3. O que as imagens representam? Escreva.

_____ _____ _____

a) Pinte as letras **g** ou **j**. Qual é o som que elas representam?

_____

b) As vogais que vêm depois de **g** e **j** são as letras:

_____

CONCLUA!

A letra **g** e a letra **j** têm:

☐ o mesmo som quando formam sílaba com as vogais **e** e **i**.

☐ som diferente quando formam sílaba com as vogais **e** e **i**.

4. Escreva outras palavras de acordo com o exemplo.

repórter ____reportagem____   conta _____

folha _____   lista _____

◆ Nas palavras que escreveu, você usou:

☐ a letra **j**.   ☐ a letra **g**.

5. Leia os anúncios a seguir e complete-os com as palavras do quadro.

> filmagem • garagem • hospedagem • lavagem

26 – Diário Real   30/6/2017

Classificados

Hotel Miramar – Fortaleza

_____
em hotel na praia.
Av. da Praia, 38 Tel.: 36-1694

Posto Pan-Americano

_____
de carro: **R$ 25,00**.
Rua das Rosas, 26

Eventos e Festas

Alugo equipamento para _____ de festas.
Falar com Gilberto. Tel.: 273-0081

Imobiliária Mineira

Vendo apartamento.

_____ e salão de festas!
Rua Fernando Pires, 26 – Centro

DIVERTIDAMENTE

PALAVRAS SECRETAS

◆ Troque os símbolos que estão no balão pelas letras do código e descubra o que você aprendeu neste capítulo.

A Ã Ç D E G I Í L N O P R S T U V

12 ORGANIZAÇÃO DO PARÁGRAFO

Você tem ou já teve um animal de estimação? Leia o texto.

Quer um bicho de estimação?

Você tem, ou quer muito ter, um animal de estimação? Um cachorro, um gato, um passarinho, um peixe, qualquer animal? Em geral, as crianças adoram ter um animalzinho, não é?

Ele pode ser companheiro nas brincadeiras, carinhoso quando você se sente sozinho e dar alegria quando você está um pouco triste sem nem mesmo saber o motivo.

Mas ter um animal de estimação dá trabalho! [...] E animal precisa ser bem tratado sempre. [...]

Rosely Sayão, em *Folha de S.Paulo*, Folhinha. 14 de março de 2015. Disponível em: <http://acervo.folha.uol.com.br/fsp/2015/03/14/32/>. Acesso em: novembro de 2016.

1. Esse texto:

☐ ensina como cuidar de animais de estimação.

☐ dá uma notícia sobre um animal de estimação.

☐ trata de animais de estimação.

☐ conta a história de um animal de estimação.

> O uso do parágrafo e da pontuação ajuda a organizar um texto.
> O parágrafo inicia com um pequeno espaço e indica a divisão do texto em blocos de frases que agrupam ideias. A mudança de linha indica um novo parágrafo.

2. Pinte no texto que você leu os pontos utilizados para finalizar as frases.

   a) Quantas frases tem o texto? _____

   b) Agora, marque com um **X** a resposta correta.

   ☐ Há indicação de parágrafo antes do início de algumas das frases.

   ☐ Não há indicação de parágrafo antes do início de algumas frases.

3. Releia o texto da página anterior, mas agora escrito de outra maneira.

> você tem, ou quer muito ter, um animal de estimação um cachorro, um gato, um passarinho, um peixe, qualquer animal em geral, as crianças adoram ter um animalzinho, não é ele pode ser companheiro nas brincadeiras, carinhoso quando você se sente sozinho e dar alegria quando você está um pouco triste sem nem mesmo saber o motivo mas ter um animal de estimação dá trabalho e animal precisa ser bem tratado sempre

   a) Compare as duas formas de apresentação desse texto. O que você percebeu após ler a segunda?

   _____

   _____

   b) Em qual dos textos foi mais fácil compreender cada frase e ler sem dificuldade? Explique.

   _____

   _____

4. Observe esta representação. Depois, marque as respostas corretas.

a) Essa imagem corresponde:

☐ ao formato do primeiro texto.

☐ ao formato do segundo texto.

b) O uso do parágrafo:

☐ facilita a leitura.   ☐ não é necessário.

CONCLUA!

O uso do parágrafo:

☐ não ajuda na organização e na compreensão do texto.

☐ ajuda na organização e na compreensão do texto.

5. O primeiro texto que você leu tem:

☐ dois parágrafos e quatro frases.   ☐ três parágrafos e seis frases.

CONCLUA!

Em um parágrafo:

☐ sempre aparece uma única frase.   ☐ pode haver uma frase ou mais.

ATIVIDADES

1. Leia mais um trecho do texto "Quer um bicho de estimação?" e pinte a pontuação.

> [...] Eles sentem fome e sede, precisam de companhia pelo menos um tempo por dia, o local em que eles ficam precisa ser limpo sempre, fazem cocô e xixi e ficam doentes. Então, quem tem um animal precisa fazer tudo isso, mas com a ajuda dos pais, é claro! [...]
>
> Rosely Sayão, em *Folha de S.Paulo*, Folhinha. 14 de março de 2015. Disponível em: <http://acervo.folha.uol.com.br/fsp/2015/03/14/32/>. Acesso em: novembro de 2016.

◆ Esse texto tem:

☐ três frases. ☐ duas frases.

☐ quatro parágrafos. ☐ apenas um parágrafo.

2. Leia a seguir os trechos de uma reportagem e numere-os na sequência correta.

☐ "quando a vi, nem queria ir à escola" [...]

☐ seu primeiro cachorro foi Fani, uma cadela deixada há sete anos no portão de sua casa

☐ A paixão de MHCR, 11, por vira-latas [...] começou cedo

> Disponível em: <www1.folha.uol.com.br/folhinha/dicas/di08090706.htm>. Acesso em: outubro de 2016.

◆ Escreva os trechos seguindo a numeração acima. Use a pontuação adequada e iniciais maiúsculas quando for necessário.
Pista: neste texto, há dois parágrafos.

_____
_____
_____
_____

PARA ESCREVER MELHOR
ORTOGRAFIA: A LETRA H

Leia este texto.

Homem-Aranha

Garoto adquire poderes incríveis e se torna um herói ao ser picado por uma aranha.

[...] Sua vida vira de cabeça para baixo ao fazer uma excursão do colégio até o laboratório de ciências [...].

Disponível em: <www.guiadasemana.com.br/cinema/filmes/sinopse/homem-aranha>. Acesso em: outubro de 2016.

1. Leia estas palavras em voz alta.

   homem • super-herói

   a) Pinte a letra **h** nas duas palavras.

   b) Na leitura, você:

   ☐ pronunciou a letra **h**.

   ☐ não pronunciou a letra **h**.

2. Agora, leia esta outra palavra.

   aranha

   ◆ Nessa palavra:

   ☐ a letra **h** é pronunciada e representa um som.

   ☐ a letra **h** não é pronunciada e faz parte do dígrafo **nh**.

3. Leia em voz alta estas palavras iniciadas por **h**.

> helicóptero • história • hora • horta

◆ Agora, complete as frases.

a) A letra **h** nessas palavras aparece no _____ da palavra.

b) A letra **h** nessas palavras:

☐ é pronunciada.   ☐ não é pronunciada.

CONCLUA!

A letra **h** no início de palavras:

☐ não representa nenhum som.   ☐ sempre representa um som.

4. A palavra **horário** é da mesma família que a palavra **hora**.
Ligue cada palavra da coluna **A** a outra da coluna **B** que seja da mesma família.

A	B
hora	habitação
habitante	higiênico
horta	horário
herói	horroroso
higiene	hortaliça
horror	heroísmo

◆ Complete:
Nessas palavras, a letra **h** _____ pronunciada.

5. Complete as respostas nos balões de fala com uma das palavras do quadro.

> hambúrguer • hélice • horóscopo • horta

- O que vamos fazer agora?
- Vamos comer um _____.
- Vamos consertar a _____ do aviãozinho.
- Vamos regar a _____.
- Vamos ler o _____.

6. Observe as fotografias e escreva frases com o nome de cada animal.

_____ _____

_____ _____

EURECA!

A palavra é...

Escreva em cada etiqueta uma palavra iniciada com a letra **h** que tenha relação com o conjunto de palavras a que está ligada.

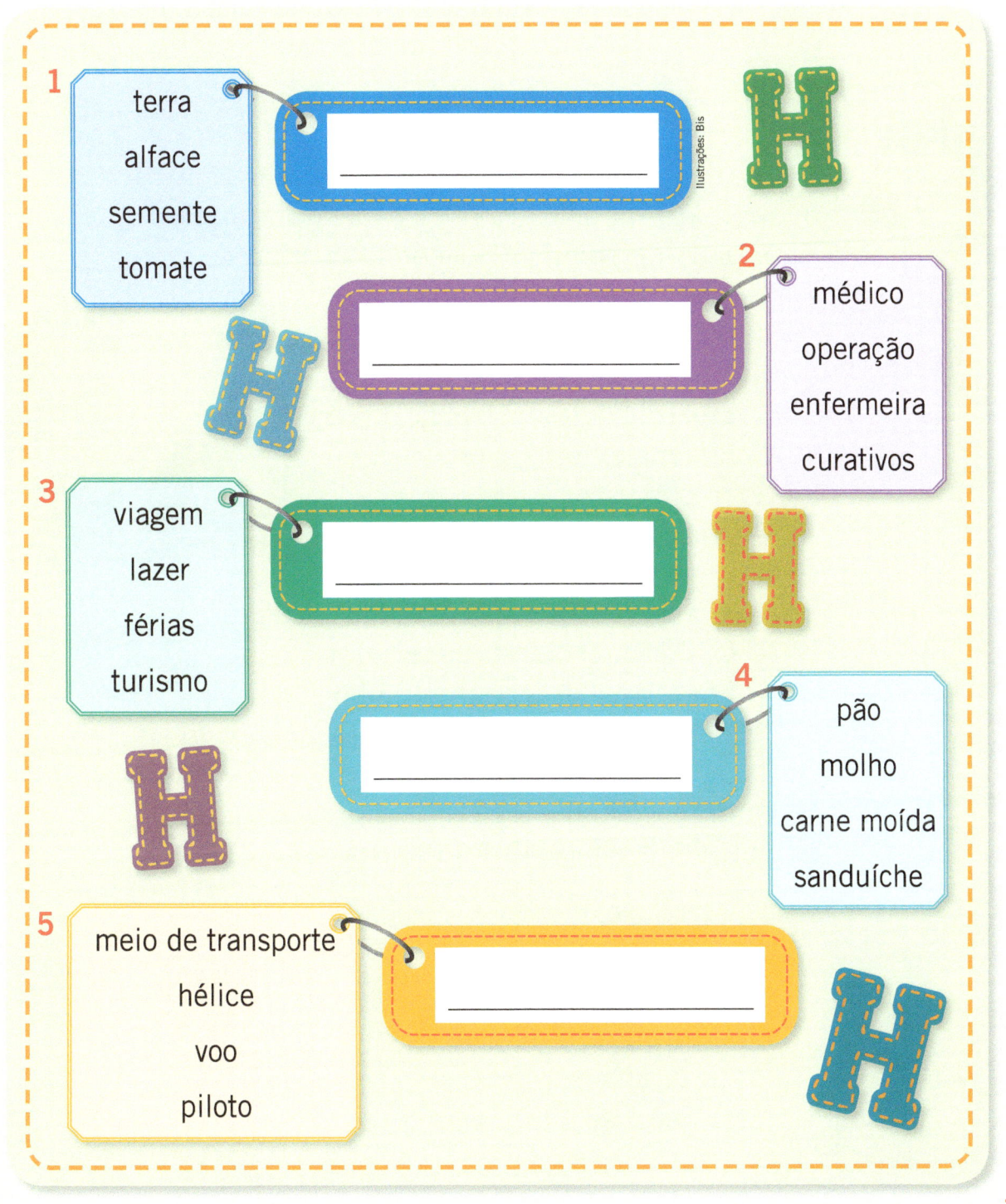

1. terra, alface, semente, tomate — _____

2. médico, operação, enfermeira, curativos — _____

3. viagem, lazer, férias, turismo — _____

4. pão, molho, carne moída, sanduíche — _____

5. meio de transporte, hélice, voo, piloto — _____

13 SINÔNIMO E ANTÔNIMO

Você conhece a brincadeira "Está quente, está frio"? Leia o texto.

Está quente, está frio

Um dos jogadores esconde um objeto, enquanto os outros fecham os olhos. Após esconder o objeto, ele dá o comando de pronto, é quando as crianças deverão sair à procura do objeto escondido. O participante que escondeu o objeto vai alertando, de acordo com a distância das crianças em relação ao objeto escondido:

— Está frio! (se estiver longe do objeto)

— Está muito frio! (se estiver muito longe)

— Está congelando! (se estiver se afastando muito)

— Está morno! (se estiver se aproximando)

— Está quente! (se estiver perto)

— Está fervendo! (se estiver muito perto)

Quando alguém encontrar o objeto, deve-se gritar: Queimou!

Quem encontrar o objeto será o encarregado de escondê-lo no reinício da brincadeira.

Disponível em: <http://jogosebrincadeiras.com/esta-quente-esta-frio/>. Acesso em: junho de 2016.

1. Esse texto:

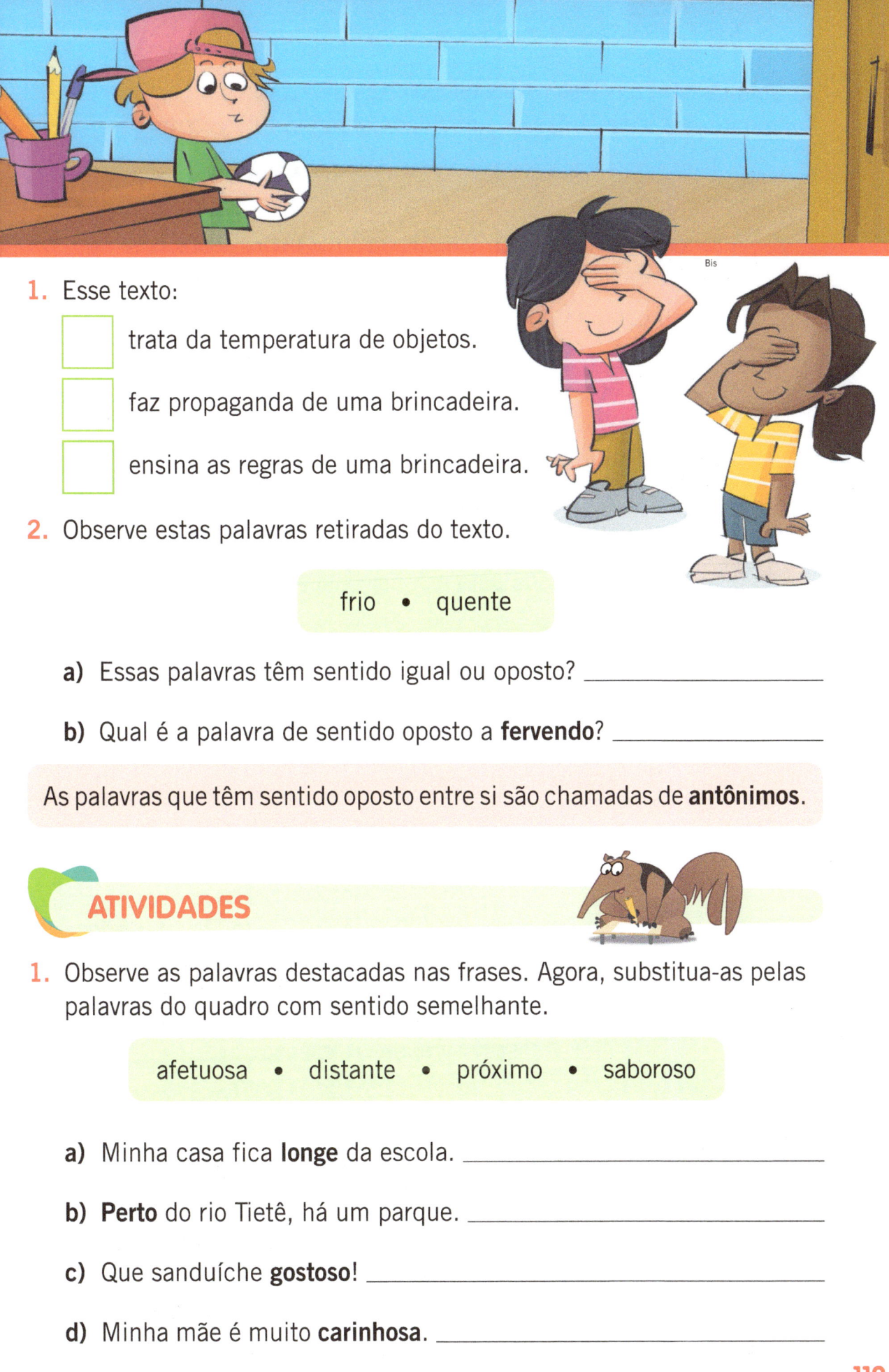

   ☐ trata da temperatura de objetos.

   ☐ faz propaganda de uma brincadeira.

   ☐ ensina as regras de uma brincadeira.

2. Observe estas palavras retiradas do texto.

   frio • quente

   a) Essas palavras têm sentido igual ou oposto? _____

   b) Qual é a palavra de sentido oposto a **fervendo**? _____

   As palavras que têm sentido oposto entre si são chamadas de **antônimos**.

ATIVIDADES

1. Observe as palavras destacadas nas frases. Agora, substitua-as pelas palavras do quadro com sentido semelhante.

   afetuosa • distante • próximo • saboroso

   a) Minha casa fica **longe** da escola. _____

   b) **Perto** do rio Tietê, há um parque. _____

   c) Que sanduíche **gostoso**! _____

   d) Minha mãe é muito **carinhosa**. _____

119

2. Marque com um **X** as respostas corretas de acordo com as palavras do quadro que você utilizou na atividade anterior.

☐ Essas palavras são antônimas das que estão destacadas nas frases.

☐ Essas palavras são sinônimas das que estão destacadas nas frases.

☐ Essas palavras podem substituir as que estão destacadas nas frases.

☐ Essas palavras não podem substituir as que estão destacadas nas frases.

3. Leia cada frase e encontre no quadro o sinônimo da palavra destacada. Depois, complete a frase com o sinônimo encontrado.

a) Tenho **bastante** tempo para estudar para a prova.

> correto • muito • pouco

Tenho _____ tempo para estudar para a prova.

b) Ande mais **depressa**, estamos atrasados.

> devagar • logo • rápido

Ande mais _____, estamos atrasados.

c) Compramos uma casa **enorme**.

> espaçosa • grande • imensa

Compramos uma casa _____.

d) Admiro as pessoas **corajosas**.

> bravas • medrosas • valentes

Admiro as pessoas _____.

CONCLUA!

As palavras que têm sentido semelhante são chamadas de _____.

4. Escreva o antônimo das palavras.

fracos _____   fechados _____

mau _____   bravo _____

amigo _____   pequeno _____

Tamanduá-bandeira: um gigante comedor de formiga.

◆ Complete as frases com os antônimos que você escreveu acima.

a) O tamanduá tem uma cauda _____.

b) As garras e os braços de um tamanduá são muito _____.

c) Ele vive em campos _____.

d) O tamanduá enxerga mal, mas tem um olfato muito _____.

e) O tamanduá é _____, mas se for atacado crava as unhas no _____.

121

5. Encontre cinco palavras em cada diagrama.

Diagrama 1

D	I	M	I	N	U	I	R	W	O
V	U	H	N	W	Z	K	P	C	B
K	L	M	N	S	T	B	U	U	X
D	E	S	G	R	U	D	A	R	T
D	E	S	C	O	B	E	R	T	A
S	O	L	T	A	R	U	Y	O	H

Diagrama 2

A	U	M	E	N	T	A	R	J	L
K	H	L	N	S	T	B	U	H	O
C	O	B	E	R	T	A	K	P	N
G	R	U	D	A	R	Z	U	H	G
V	U	P	N	W	Z	K	P	Y	O
P	E	G	A	R	F	D	X	R	E

◆ Pinte as palavras que você encontrou nos dois diagramas. Leia-as e compare o significado delas.

CONCLUA!

As palavras dos diagramas acima são _____.

6. Escolha uma palavra de cada um dos avisos abaixo. Troque-a por um antônimo e escreva novamente a frase.

Atenção!
Mantenha a porta fechada.

_____

_____

Deliciosos sanduíches de queijo frio.

_____

_____

Doe um cobertor usado à Campanha do Agasalho.

_____

_____

Pipoca doce
Fresquinha e saborosa

Previsão do tempo
Amanhã: dia ensolarado

_____   _____

_____   _____

_____   _____

PARA ESCREVER MELHOR
ORTOGRAFIA: LHI, LI

Leia esta cantiga.

Faz três noites que eu não durmo, lá lá
Pois perdi o meu galinho, lá lá
Pobrezinho, lá lá, coitadinho, lá lá
Ele faz qui-ri-qui-qui.

Ele é branco e amarelo, lá lá
Tem a crista vermelhinha, lá lá
Bate as asas, lá lá, abre o bico, lá lá
Ele faz qui-ri-qui-qui.

Cantiga popular.

1. Leia em voz alta estas palavras da cantiga e observe as sílabas destacadas.

galinho • vermelhinha

◆ As sílabas destacadas têm:

☐ pronúncia igual e grafia diferente.

☐ pronúncia semelhante e grafia igual.

☐ pronúncia semelhante e grafia diferente.

2. Leia as palavras nos quadros abaixo.

coelho → coelhinho   galo → galinho

◆ Agora, continue você.

folha _____

velha _____

galho _____

molho _____

olho _____

Neste quadro, as palavras:

☐ são escritas com **lh**.   ☐ são escritas com **li**.

vela _____

mala _____

gola _____

bala _____

pelo _____

Neste quadro, as palavras:

☐ são escritas com **lh**.   ☐ são escritas com **li**.

3. Leve o coelho até seu almoço pelo labirinto.

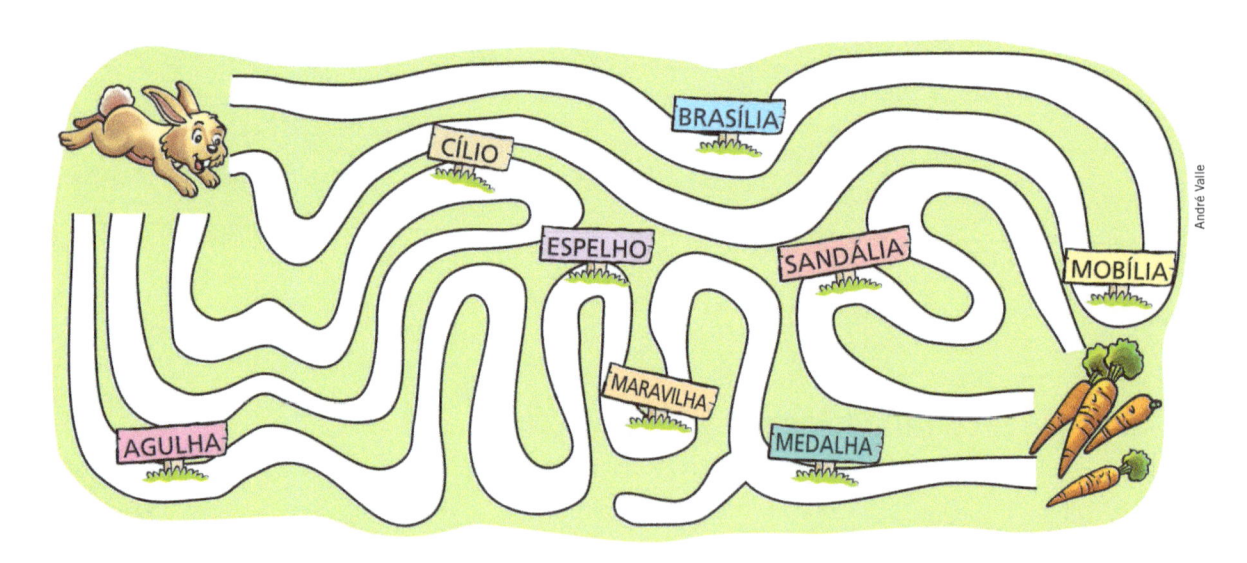

a) No quadro abaixo, escreva na coluna **A** as palavras por onde o coelho passou e na coluna **B** as palavras por onde ele **não** passou.

A	B

b) Qual é a diferença entre as palavras da coluna **A** e as da coluna **B** de acordo com o que você já aprendeu?

_____
_____
_____
_____
_____

4. Escreva o nome de cada imagem no quadro ao lado dela. Depois, acrescente a letra **h** a cada palavra que você escreveu e forme outra palavra.

	+ h =
	+ h =
	+ h =
	+ h =
	+ h =

◆ Marque com um **X** a resposta correta.

☐ As palavras que você formou têm o mesmo sentido da primeira.

☐ As palavras que você formou têm sentido diferente da primeira.

5. Preencha o quadro.

Complete a palavra	lh	li	Escreva a palavra
ma____a			
sobrance____a			
bri____ante			
bo____a			
fi____a			
ita____ano			
mo____a			
famí____a			
a____o			

6. Com algumas palavras que você formou na atividade anterior, complete adequadamente estas frases.

a) A _____ de sabão voou para o céu.

b) Usei _____ para temperar o feijão.

c) Ganhei uma nova _____ de inverno.

d) Mãe e _____ chegaram juntas.

e) Meu avô é _____.

CONCLUA!

☐ O acréscimo de uma letra pode mudar o sentido de uma palavra.

☐ O acréscimo de uma letra não muda o sentido de uma palavra.

DIVERTIDAMENTE

◆ Escreva o antônimo destas palavras.

acordar _____

alto _____

bom _____

bravo _____

alegre _____

forte _____

pequeno _____

rir _____

◆ Agora, coloque esses antônimos na cruzadinha.

G
_
_
_
Á
_
_
_
C
A

◆ Leia a palavra que se formou na cruzadinha e escreva-a no retângulo.

129

REVISÃO

1. Leia as palavras da lousa. Escreva somente as palavras com a letra **r** entre vogais.

   bandeira   barulho
   cheiro   choro   coração
   embora   natureza
   rabisco   redondo
   reunião   riacho

   _____

   _____

   a) Nas palavras que você escreveu, a letra **r** tem:

   ☐ som fraco.   ☐ som forte.

   b) Leia as palavras que sobraram. Nessas palavras, a letra **r** tem:

   ☐ som fraco.   ☐ som forte.

2. Pinte as palavras em que a letra **h** não é pronunciada.

   chalé • chamar • hélice • helicóptero
   hora • humano • maravilha • olhar

   a) A letra **h** não é pronunciada nas palavras _____

   _____.

   b) A letra **h** faz parte dos dígrafos **ch** e **lh** nas palavras _____

   _____.

3. Pinte as letras **k**, **w** e **y** de cada quadro. Depois, com as letras que sobrarem, forme palavras.

WACKIDYENWTKE _____

WYCKIWNYEKMWA _____

KVWAYCYINWA _____

DWELKYÍYCWKIA _____

CWENYTWRKO _____

VWEKLYOCYIDWAKDE _____

WYCKIRYCWO _____

WCYKEWBYKOWYLA _____

WCYEWRYKAWY _____

a) Pinte as sílabas **ce** e **ci** das palavras que você formou.

b) Nessas palavras, a letra **c** tem som de _____.

4. Forme palavras com as sílabas de cada quadro.

	san	lia
dá		

	mi	
lho		

mí		lia
	fa	

		lha
be	a	

_____

_____

◆ Agora, complete as frases com as palavras que você formou.

a) Escrevem-se com **lh** as palavras _____.

b) Escrevem-se com **li** as palavras _____.

5. Complete as palavras das colunas com as sílabas **ge/gi** ou **je/ji**.

Coluna 1	Coluna 2
ti_____la	in_____ção
refri_____rante	_____boia
_____gante	_____jum
_____rafa	can_____ca

◆ Marque com um **X** as respostas corretas.

a) As palavras da coluna 1:

☐ escrevem-se com **je** e **ji**. ☐ escrevem-se com **ge** e **gi**.

b) As palavras da coluna 2:

☐ escrevem-se com **je** e **ji**. ☐ escrevem-se com **ge** e **gi**.

6. Pinte o antônimo das palavras destacadas nos itens.

a) perna **comprida** ⟶ fina – grossa – curta – baixa – alta

b) exercício **fácil** ⟶ comprido – difícil – chato – longo – confuso

7. Leia as frases e escreva-as nas linhas, substituindo cada palavra destacada por uma das palavras do quadro.

elegantes • gracioso • lindo

Juliana é muito bonita. Seu cabelo é **bonito** e sedoso; seu rosto é **bonito**. Suas roupas são **bonitas**.

_____

_____

_____

8. Pinte o nome de profissionais que se apresentam em espetáculos de circo.

carpinteiro	malabarista	trapezista	marceneiro
mágico	motorista	dentista	palhaço

◆ Agora, escreva uma frase com as palavras que você pintou. Use as vírgulas para separá-las em uma enumeração.

_____

_____

_____

9. Escreva no balão de fala uma frase para cada personagem. Use a pontuação adequada.

133

14 SUBSTANTIVO

Leia o texto e observe as figuras.

Boi de tamanco

Quem está no tapete?
Um guarda de capacete.

Quem está no sofá?
Um **xeique** de **Bagdá**.

Quem está na confusão?
Um pato de macacão.

Quem está na cama?
Um pinguim de pijama.

Quem está no corredor?
Um fantasma de beija-flor.

Quem está de tamanco?
Um boi de peito branco.

Paulo Netho. *Poesia mágica*. São Paulo: Ciranda Cultural, 2012.

Xeique: líder, soberano ou chefe de tribo árabe.
Bagdá: capital do Iraque, país que fica na Ásia.

1. Esse texto é:

    ☐ a história de um xeique em Bagdá.

    ☐ uma lista com nome de coisas e de animais.

    ☐ um poema com nomes de coisas, pessoas, lugares e animais.

    ☐ uma parlenda divertida sobre animais e fantasmas.

2. As palavras destacadas em laranja no texto são:

   ☐ nome de seres e objetos. ☐ qualidades dadas a seres e objetos.

3. Observe as figuras.

   1   2

   a) Na figura 1, há uma coruja. Na figura 2, há _____ de uma coruja.

   b) Para indicar um conjunto de corujas, usamos a palavra _____.

   As palavras que dão nome a coisas e seres são os substantivos.
   ◆ O substantivo pode ser próprio ou comum. Por exemplo:

   Bagdá   cidade
   ↓   ↓
   uma cidade específica   uma cidade qualquer
   ↓   ↓
   substantivo próprio   substantivo comum
   ↓   ↓
   letra inicial maiúscula   letra inicial minúscula

   ◆ O substantivo que indica um conjunto, uma coleção de coisas ou de seres da mesma espécie recebe o nome de **substantivo coletivo**. Por exemplo:

   boi   manada
   ↓   ↓
   substantivo   substantivo coletivo
   ↓   ↓
   indica somente um ser (um boi)   indica um conjunto (muitos bois)

ATIVIDADES

1. Você conhece estes personagens? Complete o quadro conforme o exemplo.

Personagens	Histórias
João	*João e o pé de feijão/João e Maria*
Branca de Neve	
Gepeto	
Lobo mau	
Gata borralheira	

a) Releia todas as palavras do quadro e escreva:

◆ três substantivos comuns.

_____

_____

◆ três substantivos próprios.

_____

_____

b) Os nomes dos personagens estão escritos com:

☐ letra inicial minúscula.

☐ letra inicial maiúscula.

136

2. Leia o texto e responda ao que se pede.

Pinóquio é um boneco que ganha vida. Seu amigo grilo o aconselha a não se meter em confusões, mas ele não ouve as sugestões e se envolve em vários problemas. Para esconder suas ações, ele mente ao seu criador, o bondoso Gepeto, e a cada mentira, o nariz de Pinóquio cresce mais. Um dia, ele é obrigado a salvar o pai, preso dentro de uma baleia. Com a ajuda de uma fada, torna-se humano.

Disponível em: <www.adorocinema.com/noticias/filmes/noticia-112347/?page=9>. Acesso em: novembro de 2016.

a) Nesse texto, há:

☐ só um substantivo próprio.

☐ dois substantivos próprios.

☐ três substantivos próprios.

b) Circule no texto os substantivos próprios.

c) Esses substantivos estão escritos com letra inicial:

☐ minúscula. ☐ maiúscula.

d) Escreva os substantivos próprios que você circulou.

_____

e) Escreva o substantivo comum do texto de acordo com a figura.

_____   _____   _____

◆ Esses substantivos estão escritos com letra inicial:

☐ minúscula. ☐ maiúscula.

3. Leia o quadro com alguns substantivos e seus coletivos.

abelhas → enxame	fotografias → álbum
alunos → classe ou turma	letras → alfabeto
animais → fauna	livros → biblioteca
artistas → elenco	montanhas → cordilheira
aviões → esquadrinha	ovelhas → rebanho
bois → boiada	peixes → cardume
chaves → molho	pessoas → multidão
discos → discoteca	plantas → flora
estrelas → constelação	uvas/bananas → cacho

◆ Agora, complete as frases com o coletivo adequado ao substantivo destacado. Siga o exemplo.

> Na fazenda do meu avô, há muitos **bois**. Na verdade, ele tem uma <u>boiada</u> enorme.

a) Na _____ do Cerrado brasileiro, encontramos **plantas** úteis, como o buriti e o babaçu.

b) No rio Araguaia, **peixes** grandes como os tucunarés perseguem um _____ de pacus e piranhas.

c) As **abelhas** visitam sempre o muricizeiro, árvore que dá o murici. As flores são atraentes para o _____.

4. Observe as figuras com atenção. Identifique os seres e as coisas que o substantivo coletivo indica e complete as frases.

gibiteca

Já posso montar uma gibiteca com meus _____.

banda

Quais são os _____ que vão tocar hoje?

rebanho

O bom pastor cuida bem de suas _____.

constelação

A constelação do Cruzeiro do Sul é formada por cinco _____.

manada

Os _____ são parentes dos bois.

álbum

Vou arrumar as _____ em um álbum novo.

PARA ESCREVER MELHOR
ORTOGRAFIA: Ç

Observe o uso da cedilha no texto a seguir.

[...] Conheça três dos principais animais da Amazônia.

Onça: Na Amazônia encontramos três diferentes tipos de onça. A onça-pintada, a onça-negra e a onça-parda ou vermelha.

Bicho-preguiça: É um animal extremamente dócil. A preguiça deve o seu nome ao fato de se mover com grande lentidão.

Jacaré-açu: O jacaré-açu é o maior jacaré do Brasil, podendo atingir mais de 5 metros de comprimento. O seu corpo é preto com faixas amarelas.

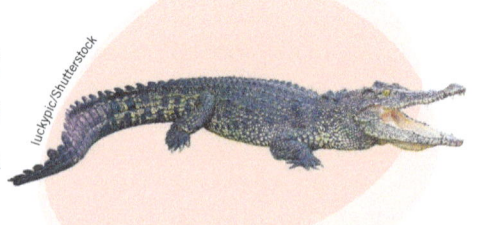

Disponível em: <www.colorfotos.com.br/amazonia/animais.htm>.
Acesso em: novembro de 2016.

1. Observe estas palavras usadas no texto.

> bicho-preguiça • jacaré-açu • onça

◆ Essas palavras são escritas com o sinal gráfico da cedilha (¸) na letra _____ .

2. Organize as sílabas e descubra o nome de outros animais.

ça • gar   ço • ri • ou   çu • a • ra • su • na

[   ] [   ] [   ]

a) Em cada palavra, pinte as sílabas em que aparece o **ç**.

b) Nessas sílabas, o **ç** representa o mesmo som que a letra **c** em:

☐ **casa**.   ☐ **cedo**.

CONCLUA!

Antes das vogais _____, _____, _____, usamos a cedilha na letra **c** para representar o som _____.

3. Escreva no quadro os produtos com **ç** das ofertas do supermercado.

Supermercado Poupança
O campeão dos preços baixos

ATENÇÃO! **OFERTAS DE HOJE!**
- açúcar
- azeite
- canjica
- açafrão
- cupuaçu
- ração
- tangerina
- laranja
- paçoca
- maçã

Visite também nosso açougue e a seção de importados.
ÓTIMAS OFERTAS!

AÇÚCAR

◆ Agora, complete as frases.

No Supermercado _____, os _____ são mais baixos. O _____ tem boas ofertas.

A _____ de importados tem produtos de vários países.

141

4. Escreva o texto de cada placa substituindo a palavra em azul pela palavra em verde.

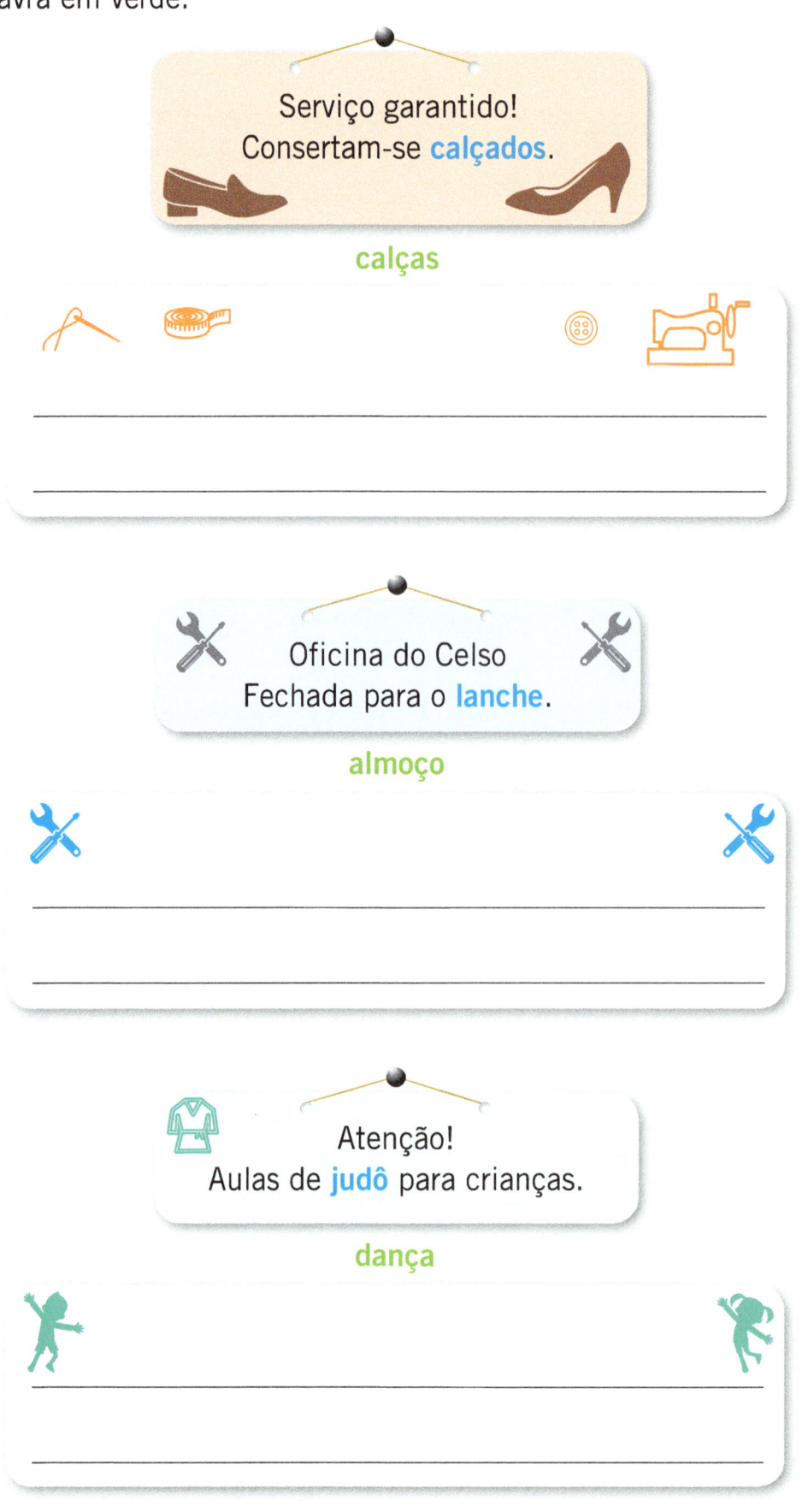

Serviço garantido!
Consertam-se calçados.

calças

Oficina do Celso
Fechada para o lanche.

almoço

Atenção!
Aulas de judô para crianças.

dança

DIVERTIDAMENTE

◆ Pinte os espaços em que estão escritas palavras que tenham a letra **c** com cedilha. Você terá uma surpresa!

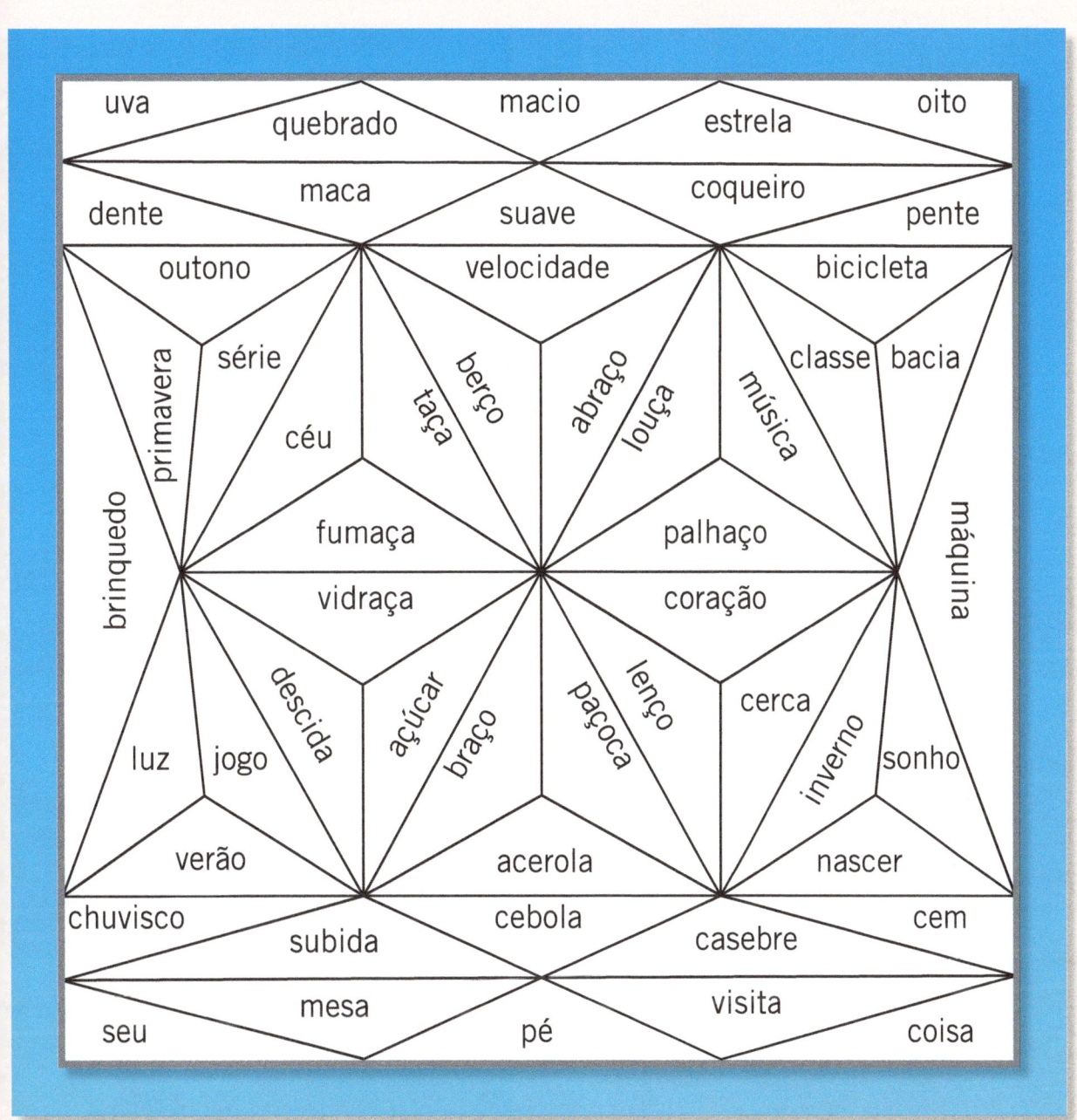

uva	macio	estrela	oito
quebrado			
	maca	coqueiro	
dente	suave		pente
outono	velocidade	bicicleta	
primavera	série	berço	abraço	louça	música	classe	bacia
	céu	taça					
brinquedo	fumaça	palhaço		máquina
	vidraça	coração		
	descida	açúcar	lenço	cerca		
		braço	paçoca		inverno	
luz	jogo					sonho
verão	acerola	nascer	
chuvisco	cebola	casebre	cem
subida		visita	
seu	mesa	pé	coisa

◆ Nas palavras que você pintou, observe as letras que estão antes e depois de **ç**. O que você descobriu sobre a cedilha?

_____

15 MASCULINO E FEMININO

Leia o texto.

Tem família que é assim:
Pai, mãe, filhos, avós, tios e primos.
Mas também existe família que só tem pai, mãe, filho e um avô ou uma avó.
Tem família que é só a mãe com os filhos. E tem família que não tem filhos: só marido e mulher. [...]

Anna Claudia Ramos e Ana Raquel. *Família*. São Paulo: Formato, 2016. Coleção Todo mundo tem família.

1. O texto trata:

    ☐ de uma notícia sobre uma família.

    ☐ de muitos tipos de família.

    ☐ de como viver em família.

2. Observe estas palavras do texto. Complete as colunas com o substantivo masculino ou feminino que está faltando.

Substantivos masculinos	Substantivos femininos
	mãe
primos	
	avó
filhos	

Os substantivos podem ser **masculinos** ou **femininos**.

Alguns substantivos masculinos não têm forma feminina correspondente. Por exemplo:

   o retrato ⟶ não existe substantivo feminino para **retrato**

substantivo masculino

O inverso também pode acontecer.

   a casa ⟶ não existe substantivo masculino para **casa**

substantivo feminino

145

ATIVIDADES

1. Complete as frases com o feminino das palavras em destaque. Siga o exemplo.

   > O **gato** dormia no tapete.
   > A gata miava para seus filhotes.

   a) O **boi** dorme no pasto.

   A _____ amamenta seu bezerro.

   b) O **coelho** alimenta-se de grama.

   A _____ tem vários filhotes de uma vez.

   c) O **leão** é um animal carnívoro.

   A _____ é quem caça a refeição do dia.

   d) O **pato** come tudo o que encontra.

   A _____ põe cerca de 100 ovos por ano.

   ◆ Você completou as frases com:

   ☐ substantivos masculinos.　　☐ substantivos femininos.

2. Coloque as letras nos quadrinhos de acordo com o masculino e, em seguida, complete as frases.

A	rei	☐	madrinha
B	homem	☐	mulher
C	padrinho	☐	rainha

a) Na Europa, ainda existem países onde vivem um _____

e uma _____.

b) Nas corridas de 100 metros, os vencedores são conhecidos como

o _____ e a _____ mais rápidos do mundo.

c) O _____ e a _____ são escolhidos para

ajudar os pais a proteger e educar seus filhos.

3. Nas fotografias, cada pessoa forma par com outra. Escreva nos quadros o nome dos pares.

4. Complete as frases com substantivos.

   a) Ayrton Senna, o _____ brasileiro de automobilismo, morreu em 1994 na Itália.

   b) A ginasta Daiane dos Santos, nascida em Porto Alegre, Rio Grande do Sul, foi _____ em 2003.

   c) A _____ Ivete Sangalo nasceu em Juazeiro, na Bahia.

   d) O _____ cearense Fagner é também compositor de várias músicas.

5. Leia o texto com atenção. Complete os espaços com **a**, **as**, **o** ou **os** de acordo com os substantivos destacados.

   ____ **tubo** de pasta de dentes. ____ **garrafa** de refrigerante. ____ **caneta** esferográfica. ____ **saquinho** do supermercado. ____ **embalagem** da revista. ____ **canudinho** do suco. ____ **potes** de iogurte. ____ **botão** da camisa. ____ **touca** de banho. ____ **disquetes**. ____ **mouse**. ____ **monitor**. ____ **teclado**. [...]

   Disponível em: <www.canalkids.com.br/tecnologia/invencoes/plastico.htm>.
   Acesso em: outubro de 2016.

CONCLUA!

Antes dos substantivos masculinos, podemos usar as palavras _____ e _____.

Antes dos substantivos femininos, podemos usar as palavras _____ e _____.

PARA ESCREVER MELHOR
ORTOGRAFIA: S, SS

Leia este texto.

O bom dinossauro

E se o **asteroide** que mudou para sempre a vida na Terra não tivesse atingido o planeta e os dinossauros nunca tivessem sido extintos, como seria a relação entre dinossauros e humanos? [...] Dirigido por Peter Sohn, "O bom dinossauro" surpreenderá o público de todas as idades, com sua originalidade e inovação.

O Bom Dinossauro. Direção: Peter Sohn. EUA: Pixar Animation Studios, 2015.

Revista *Recreio*. Disponível em: <http://recreio.uol.com.br/noticias/noticias/trailer-dublado-de-o-bom-dinossauro.phtml#.Vh4Gg_mqqko>. Acesso em: novembro de 2016.

Asteroide: corpo celeste.

1. Releia estas palavras em voz alta e observe as letras destacadas.

   dino**ss**auro • **s**empre • **s**eria • tive**ss**e

   a) Nessas palavras, as letras **s** e **ss** representam:

   ☐ som diferente.   ☐ o mesmo som.

   b) A consoante **s** aparece **no início** da palavra e o dígrafo **ss** aparece _____ da palavra.

2. Leia estas palavras em voz alta e pinte a letra inicial de cada uma delas.

   cigarra • cinto • saber • salada • saúde
   semana • silêncio • sorvete • sozinha • suco

   ◆ As letras iniciais que você pintou representam:

   ☐ o mesmo som.   ☐ som diferente.

3. Pinte de azul o quadrinho das imagens cujo nome se escreve com **ss** e de vermelho o quadrinho das imagens cujo nome se escreve com **s**. Depois, complete o nome de cada uma delas.

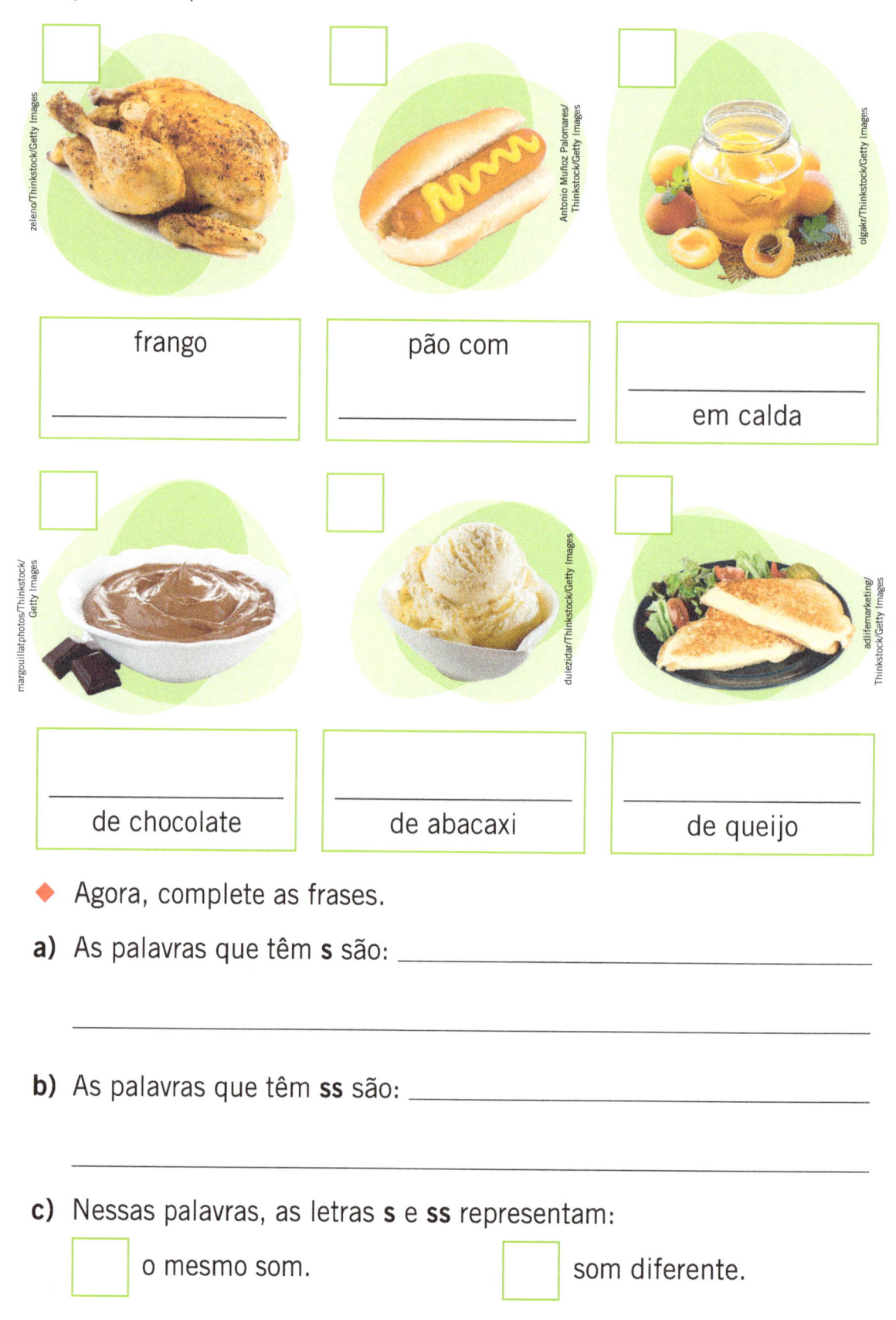

| frango _____ | pão com _____ | _____ em calda |

| _____ de chocolate | _____ de abacaxi | _____ de queijo |

◆ Agora, complete as frases.

a) As palavras que têm **s** são: _____

_____

b) As palavras que têm **ss** são: _____

_____

c) Nessas palavras, as letras **s** e **ss** representam:

☐ o mesmo som.   ☐ som diferente.

150

4. Leia estas palavras.

> barulho • crua • descida

◆ Agora, ordene estas sílabas e encontre os antônimos dessas palavras. Escreva-as nos quadros abaixo.

cio lên si	as da sa	da bi su

5. Forme nomes de produtos ligando as palavras da coluna **A** com as expressões da coluna **B**, como no exemplo. Escreva-os no quadro.

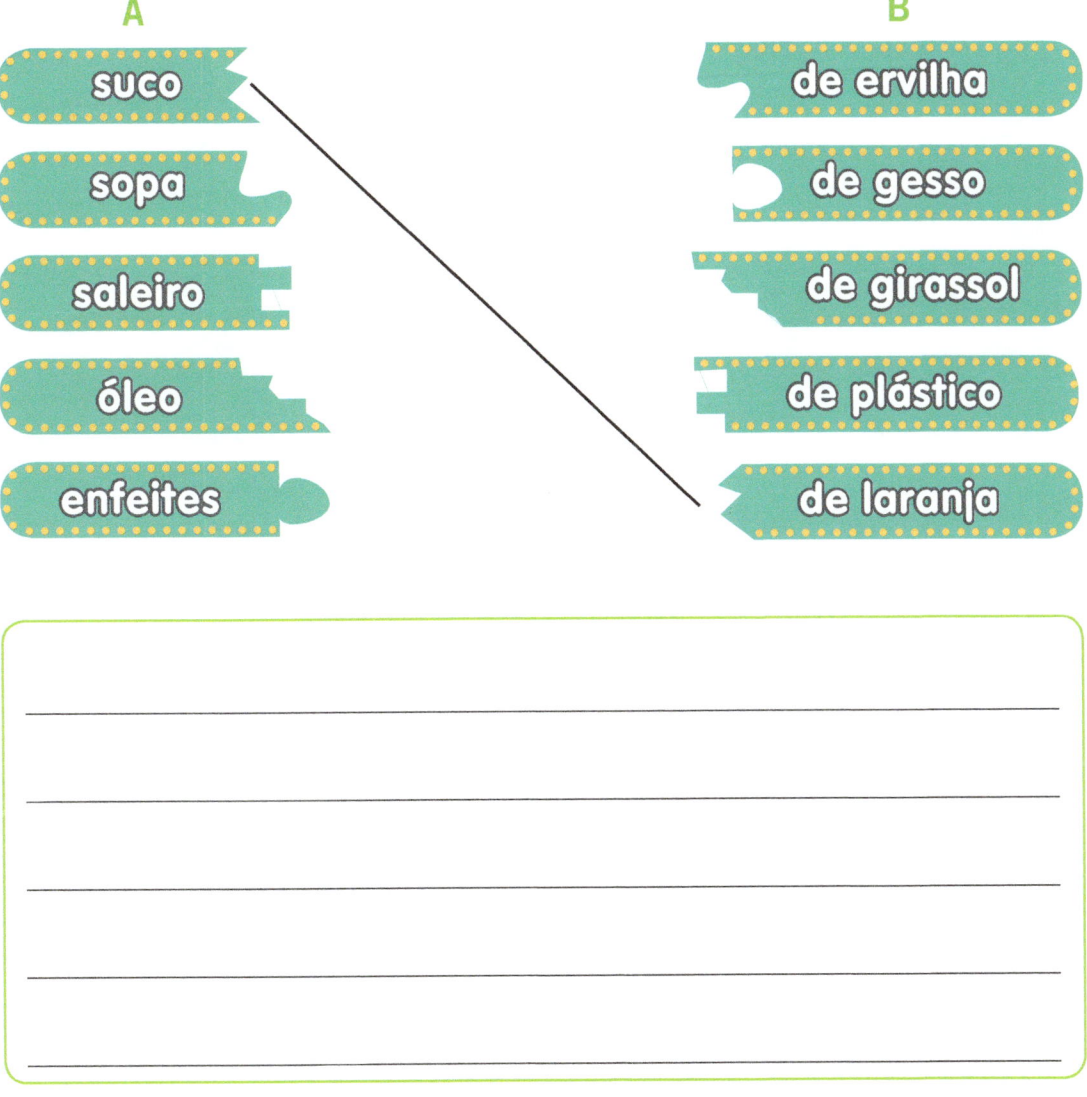

A
- suco
- sopa
- saleiro
- óleo
- enfeites

B
- de ervilha
- de gesso
- de girassol
- de plástico
- de laranja

_____
_____
_____
_____

◆ Pinte de azul as palavras com **s** inicial e de amarelo as palavras que tenham **ss** entre vogais.

6. Leia as palavras do quadro e escreva-as nas colunas corretas.

> assado • buscar • girassol • massagem • passado • pêssego
> rabisco • rasgar • rastro • responder • sabonete • salada
> salmão • salto • Salvador • sapoti • saúde • saúva • seguro
> sopa • sorvete • sossego • suco • turismo

Palavras com **s** inicial	Palavras com **s/ss** no meio

◆ Observe as colunas que você completou e responda: o que você conclui sobre a escrita de palavras com **s** e **ss**?

_____

_____

_____

EURECA!

◆ Descubra o que está "estranho" nas frases. Em seguida, faça as modificações necessárias e reescreva a frase.

O boi é um animal quadrúpede. Dele aproveitamos a carne e o leite.

_____
_____
_____

Uma amiga nossa caiu da escada. Coitado! Ele teve de engessar a perna!

_____
_____
_____
_____

Uma garota da minha classe ganhou três medalhas nos últimos jogos. Foi o campeão da escola!

_____
_____
_____
_____

16 SINGULAR E PLURAL

Você já ouviu falar dos festejos do bumba meu boi, que fazem parte de nossa cultura? Leia este texto e conheça mais sobre o assunto.

Bumba meu boi

Brincadeiras de boi estão entre as expressões populares mais difundidas no Brasil. De norte a sul do país encontramos festejos envolvendo a figura de um boi em representações musicais. [...]

Os brincantes – em geral músicos, bailantes, cantadores, cômicos, aos quais podem se juntar outros – se organizam, cantam, dançam e representam tramas em torno de um boi – armação de madeira coberta por tecido bordado sob a qual um "miolo" faz evoluções, dando vida ao personagem. [...]

Disponível em: <www.cnfcp.gov.br/interna.php?ID_Secao=103>.
Acesso em: novembro de 2016.

1. O objetivo do texto é:

☐ contar uma história.   ☐ fazer um convite.

☐ ensinar uma brincadeira.   ☐ apresentar informações.

2. Leia as palavras do quadro e responda.

> os cantadores

a) O substantivo **cantadores** indica apenas um ser ou mais de um?

_____

b) Esse substantivo está no singular ou no plural?

_____

3. Leia as palavras do quadro e compare-as. Depois, complete as frases.

> a brincadeira – as brincadeiras
> o cantador – os cantadores
> a expressão – as expressões

a) Para formar o plural do substantivo **brincadeira**, acrescentamos a letra _____ no final da palavra.

b) Para formar o plural do substantivo **cantador**, acrescentamos _____ no final da palavra.

c) Para formar o plural de **expressão**, trocamos **-ão** por _____.

Os substantivos no plural indicam mais de um ser.
Para formar o plural, geralmente acrescentamos **-s** ao final das palavras, mas existem outras maneiras de fazê-lo.

ATIVIDADES

1. Escreva nas colunas correspondentes o plural dos substantivos do quadro.

casa • caminhão • cor • coroa • folião • par

brincadeiras	cantadores	expressões
_____	_____	_____
_____	_____	_____

2. Ligue a palavra com a explicação de como foi formado o plural.

carnavais   Acrescentei -s ao final da palavra.

comemorações   Troquei -m por -ns.

festas   Troquei -ão por -ões.

países   Troquei -l por -is.

sons   Acrescentei -es.

3. Leia as frases e complete-as, passando para o plural a palavra de cada quadro.

violão   jornal

a) Nesta loja, você encontra os melhores _____ da cidade.

b) Algumas bancas vendem _____ de outros estados.

◆ Crie mais duas frases usando as palavras **pão** e **papel** no plural.

_____

_____

4. Nestes avisos, faltam algumas palavras.

   a) Observe as figuras e complete com o que falta.

   No zoológico

   Atenção!

   Não alimentem

   _____.

   Na escola

   Crianças!

   Lavem _____

   antes das _____.

   No prédio

   Cuidado!

   _____ com defeito!

   Utilizem _____

   de saída de emergência.

   b) Agora é a sua vez! Com base na figura abaixo, escreva um aviso. Use a palavra **cão** no plural.

157

PARA ESCREVER MELHOR
TIL

Leia esta parlenda e veja o uso do til ~.

Bão balalão

Senhor capitão
Em terras de mouro
Morreu seu irmão
Cozido e assado
Em um caldeirão
Eu vi uma velha
Com um prato na mão.

Parlenda popular.

1. Leia esta palavra da parlenda em voz alta.

caldeirão

a) Qual é a vogal que recebe o til (~)?

_____

b) Passe a palavra do quadro para o plural e escreva qual vogal recebe o til.

_____

2. Veja outras palavras em que o til aparece na parlenda e escreva-as no plural.

a) capitão _____

♦ Nessa palavra, para formar o plural você:

☐ acrescentou **-s**.   ☐ trocou **-ão** por **-ões**.

☐ trocou **-ão** por **-ães**.

b) irmão _____   mão _____

♦ Nessas palavras, para formar o plural você:

☐ trocou **-ão** por **-ões**.   ☐ acrescentou **-s**.

☐ trocou **-ão** por **-ães**.

CONCLUA!

O til é um sinal usado sobre as vogais _____ e _____ para indicar um som nasal.

3. Encontre na faixa palavras com til.

romãmãesmamõesirmãaviõesfogãoalgodãocães

♦ Agora, escreva cada palavra no quadro de acordo com sua terminação.

-ão	mão		
-ães	pães		
-ões	corações		
-ã	maçã		

159

4. Faça a associação entre as duas colunas. Veja o exemplo.

Ana —————————————————— cidade da Itália

anã ——————————————————— nome feminino

ira   país da Ásia

Irã   mulher muito baixa

Roma   fruta

romã   sentimento de ódio

◆ Leia novamente as palavras da primeira coluna. Qual é a diferença entre as palavras semelhantes?

_____

CONCLUA!

A colocação do til:

☐ muda o significado de uma palavra.   ☐ não muda o significado de uma palavra.

5. Observe a figura e escreva no quadro os substantivos terminados em **-ão**. Escreva uma frase para cada uma dessas palavras no plural. **Atenção:** use o til corretamente.

ALFACE LIMÃO MELÃO PIMENTÃO MAÇÃ MORANGO

Substantivo	Frase

6. Em algumas palavras, a terminação **-ão** tem o som parecido com a terminação **-am**. Leia estas frases em voz alta e compare as terminações destacadas.

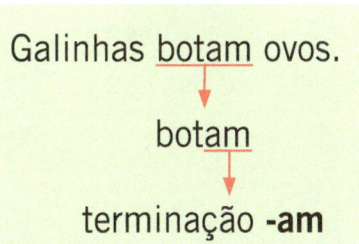

Galinhas botam ovos.

botam

terminação **-am**

O menino perdeu o botão da camisa.

botão

terminação **-ão**

◆ Observe essa diferença também nas palavras a seguir. Escreva uma frase para cada figura, usando as palavras dos quadros.

calçam

calção

_____   _____

_____   _____

_____   _____

caminham

caminhão

_____   _____

_____   _____

_____   _____

DIVERTIDAMENTE

Fique ligado!

◆ Troque a última letra de cada palavra por **ão**, escreva a nova palavra formada e faça um desenho que represente o significado dela.

bala	basta	bota
_____	_____	_____

caminho		carta
_____		_____

fogo	irmã	lima
_____	_____	_____

DE OLHO NA LÍNGUA

1. (Provinha Brasil) Veja o desenho.

   Faça um **X** no quadrinho onde está escrito **patinho**.

   a) palha ☐

   b) palhinha ☐

   c) papinho ☐

   d) patinho ☐

2. (Saresp) O trecho abaixo é uma conversa entre dois personagens de um conto conhecido.
   Leia o trecho, copie nas linhas abaixo utilizando letra manuscrita (letra de mão), sinais de pontuação e as maiúsculas que considerar necessário.

   QUENARIZTÃOGRANDEVOCÊTEMVOVÓÉPARATECHEIRAR
   MELHORMINHANETINHAQUEBOCATÃOGRANDE
   VOCÊTEMVOVÓÉPARATECOMERNHOC

   _____
   _____
   _____
   _____
   _____
   _____
   _____

17 AUMENTATIVO E DIMINUTIVO

Você já brincou de fazer bolhas de sabão? Veja como brincar.

Bolinha de sabão

1. Fazer bolinhas de sabão é brincadeira que diverte não só as crianças como também os adultos de qualquer idade. [...]

2. Você vai precisar apenas de um copo plástico, água e detergente líquido. [...] Para fazer as bolinhas, hoje em dia existem vários apetrechos, mas, na falta destes, pode-se utilizar um simples canudinho de refresco [...].

3. Mergulhe a ponta do canudo na água de sabão, e sopre. [...]

Disponível em: <www.jangadabrasil.com.br/outubro14/ca14100h.htm>.
Acesso em: junho de 2016.

1. Qual é a finalidade do texto que você leu?

☐ Dar uma informação.

☐ Contar o que crianças e adultos fazem.

☐ Dar instruções sobre como fazer algo.

☐ Divertir crianças e adultos.

2. Observe e compare estas palavras.

canudo – canud**inho**

a) O uso de **-inho** no substantivo **canudinho** indica diminuição de

_____ .

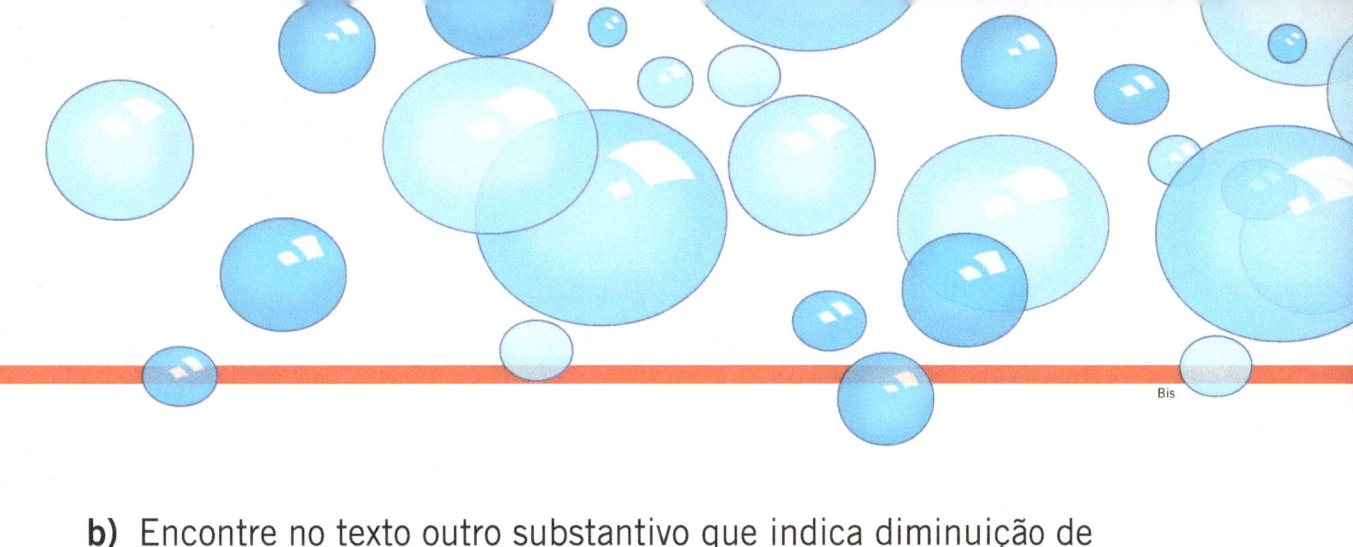

b) Encontre no texto outro substantivo que indica diminuição de tamanho.

_____

c) Como você escreveria o substantivo **bola** para indicar **aumento** de tamanho?

_____

> Os substantivos no **diminutivo** indicam diminuição do tamanho de um ser, e no **aumentativo** indicam o aumento.

3. Escreva o diminutivo destes substantivos do texto.

copo _____

brincadeira _____

ponta _____

sabão _____

◆ Observe as palavras que você escreveu e marque com um **X** a resposta correta.

☐ Para formar o diminutivo, sempre acrescentamos a terminação **-inho** ou **-inha**.

☐ Para formar o diminutivo, acrescentamos a terminação **-inho** ou **-inha** ou **-zinho** ou **-zinha**.

165

ATIVIDADES

1. Escreva o aumentativo destes substantivos.

   casa _____   amigo _____

   pé _____   peixe _____

   ◆ Nesses substantivos, indicamos o aumento dos seres com a

   terminação _____.

2. Observe as imagens e escreva o substantivo correspondente a elas. Em seguida, escreva o diminutivo e o aumentativo de cada um deles.

Substantivo	Diminutivo	Aumentativo

◆ Nesses substantivos, indicamos a diminuição e o aumento dos seres e objetos:

☐ com as terminações **-inho**, **-inha** e **-zinho**.

☐ com as terminações **-inho**, **-inha** e **-ão**.

3. Escreva nos quadrinhos **sim** para os substantivos que indicam aumento de tamanho e **não** para os substantivos que não indicam aumento de tamanho.

☐ televisão ☐ coração ☐ solução

☐ casarão ☐ sabão ☐ casacão

☐ cartão ☐ cordão ☐ portão

CONCLUA!

A terminação **-ão**:

☐ sempre indica substantivo no aumentativo.

☐ nem sempre indica substantivo no aumentativo.

4. Todas as palavras abaixo têm a terminação **-inho** ou **-inha**. Marque com um **X** os substantivos no diminutivo.

☐ galinha ☐ cozinha ☐ varinha

☐ ninho ☐ vizinha ☐ telinha

☐ rainha ☐ passarinho ☐ cofrinho

☐ gorrinho ☐ madrinha ☐ tainha

CONCLUA!

Nem sempre as terminações **-inho** ou **-inha** indicam _____ de tamanho.

5. Complete os espaços nos balões de fala com o diminutivo das palavras do quadro.

> balas • café • canudos • empada • pão

"Pois não?"

"Um _____, por favor."

"Mais alguma coisa?"

"Sim, um _____, com manteiga, uma _____ e um suco."

"Hoje você vai levar _____ de doce de leite?"

"Não, obrigado. Estou levando _____ de hortelã."

PARA ESCREVER MELHOR
ORTOGRAFIA: SC

Leia este texto publicado no *site* de uma revista.

http://mundoestranho.abril.com.br

Como nascem, crescem, vivem e morrem as árvores?

De fato, como qualquer outro ser vivo, elas passam pelos quatro **estágios** cruciais de desenvolvimento: nascimento, crescimento, reprodução e morte. [...] Mas o período de vida de uma árvore varia muito. Um pessegueiro não passa dos 30 anos, enquanto uma **sequoia** gigante, espécie de **conífera** americana, supera os 3 000 anos de idade. [...]

Revista *Mundo Estranho*. Disponível em: <http://mundoestranho.abril.com.br/materia/como-nascem-crescem-vivem-e-morrem-as-arvores>. Acesso em: outubro de 2016.

Estágio: período, fase.
Sequoia: árvore considerada a maior da Terra.
Conífera: árvore como o pinheiro.

1. Leia em voz alta estas palavras do texto e observe o som representado pelas letras **sc**:

crescimento • nascimento

◆ Agora, leia as palavras abaixo em voz alta e marque com um **X** aquelas em que as letras **s**, **c**, **ç**, **sc** ou **ss** representam o mesmo som que as letras **sc** em **crescimento** e **nascimento**.

☐ máscara	☐ bolsa	☐ nascer
☐ açougue	☐ roseira	☐ escada
☐ aceito	☐ assinar	☐ acréscimo

2. Escreva as palavras abaixo no quadro correto.

> adolescente • avesso • depressa
> descida • dezessete • seiscentos
> pássaro • piscina

Palavras com **ss**	Palavras com **sc**
_____	_____
_____	_____
_____	_____
_____	_____

◆ Nessas palavras, as letras **ss** e **sc**:

☐ têm grafia igual.

☐ têm grafia diferente.

☐ representam o mesmo som.

☐ representam som diferente.

3. Complete as frases com as palavras do quadro.

> nascente • nasce • nascimento

a) No verão, o Sol _____ mais cedo.

b) A _____ do rio São Francisco fica em Minas Gerais.

c) O _____ de uma planta a partir de uma semente chama-se germinação.

◆ Nessas palavras, as letras **sc** representam o som _____.

DIVERTIDAMENTE

Qual é a palavra intrusa?

◆ Leia as palavras do quadro e descubra!

- farinha
- florzinha
- janelinha
- casinha
- macaquinho
- lapisinho
- mesinha
- paizinho
- pãozinho
- menininha
- cafezinho
- mãezinha
- criancinha
- bichinho

◆ Agora, escreva o que você descobriu.

A palavra intrusa é _____. É a única que não

indica _____.

171

REVISÃO

1. Procure no diagrama o substantivo coletivo das figuras a seguir.

É	P	C	P	A	Z	U	J	M	B	O	P	W	U
V	S	Q	X	U	I	M	T	F	J	C	D	G	É
L	B	I	B	L	I	O	T	E	C	A	F	H	O
N	A	V	F	O	C	L	Y	R	O	R	K	S	A
Y	N	A	W	C	O	H	M	T	M	D	U	I	T
T	D	S	É	M	Q	O	A	F	E	U	J	A	Y
X	O	Z	J	K	A	O	W	É	B	M	U	I	T
P	A	S	R	O	L	Y	E	S	V	E	I	J	T
Z	W	R	Q	L	T	E	X	É	R	C	I	T	O

◆ Agora, escreva no quadro os coletivos que você encontrou ao lado do substantivo a que eles se referem.

Substantivo	Coletivo
livros	
peixes	
soldados	
chaves	
aves	

2. Observe a palavra abaixo.

> calçada

a) Para escrever essa palavra, é usado(a):

☐ um acento agudo. ☐ um acento circunflexo. ☐ uma cedilha.

b) Coloque esse mesmo sinal na letra **c** destas palavras e forme outras.

louca _____ faca _____

forca _____ trancar _____

3. Complete a cruzadinha de acordo com as frases abaixo.

1 Animal que salta, nada e vive em lagoas.

2 Alimento feito com farinha, água e fermento e assado no forno.

3 Mulher de estatura muito baixa.

4 Pessoa que comanda, que dirige uma equipe.

5 Animal que é chamado "o rei das selvas".

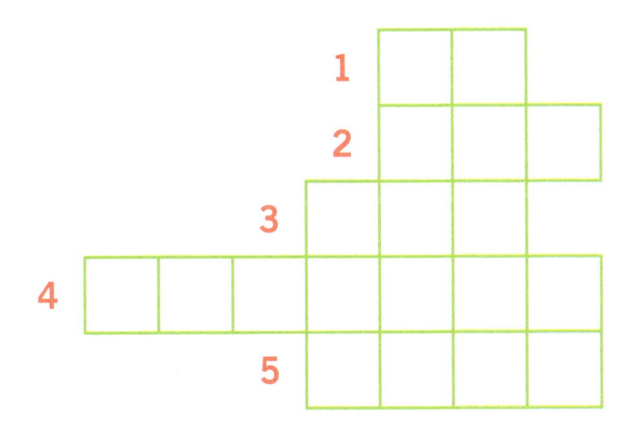

◆ O que as palavras que você escreveu têm em comum?

_____

4. Leia estas adivinhas e escreva as respostas. Depois, pinte as palavras com as letras **ss** e **sc**.

> Nasci na água,
> Na água me criei;
> Se na água me botarem,
> Na água morrerei.
>
> Adivinha popular.

> O que é que salta
> dá um espirro
> e vira pelo avesso?
>
> Adivinha popular.

_____   _____

5. Complete as palavras com **-ção**, **-são** e **-ssão**. Escreva as palavras que você formou.

diver_____ _____   proci_____ _____

educa_____ _____   profi_____ _____

excur_____ _____   prote_____ _____

inven_____ _____   trave_____ _____

6. Observe o quadro. Depois, escreva os substantivos destacados no aumentativo ou no diminutivo para completar o cardápio.

salgados

doce de coco

pastel de carne

coxa de galinha

rosca de leite

empada de palmito

Cardápio

7. Complete o quadro. Observe o exemplo.

Substantivo masculino	Substantivo feminino
diretor	diretora
cantor	
vendedor	
ator	
doutor	

a) Como geralmente se forma o feminino dos substantivos terminados em **r**?

_____

b) O substantivo **ator** segue essa regra?

_____

_____

8. Forme o plural das palavras a seguir.

pimentão _____ tubarão _____

limão _____ leão _____

portão _____ botão _____

◆ Para formar o plural dessas palavras:

☐ troca-se **-ão** por **-ães**, como em p**ão** – p**ães**.

☐ troca-se **-ão** por **-ões**, como em cora**ção** – cora**ções**.

☐ troca-se **-ão** por **-ãos**, como em m**ão** – m**ãos**.

18 ADJETIVO

Você conhece a boneca de pano Emília? Ela é uma personagem criada pelo escritor Monteiro Lobato.

Convite Exposição

Até 29 de julho
8 h às 11 h, e de 13 h às 17 h,
na Biblioteca Pública "João Batista Teixeira"
Palácio da Cultura.

Atrevida, **questionadora**, **espevitada**, **desaforada** e, principalmente, falante. Por isso, encantadora. Essa é a Emília, personagem **lobatiana** que reina no sítio do Picapau Amarelo.

Disponível em: <http://matozinhos.mg.gov.br/plus/modulos/noticias/ler.php?cdnoticia=39>. Acesso em: novembro de 2016.

Questionadora: que gosta de fazer perguntas.
Espevitada: agitada, viva.
Desaforada: que age com pouco respeito.
Lobatiana: referente ao escritor Monteiro Lobato.

1. A finalidade desse texto é:

    ☐ apresentar a boneca Emília, personagem lobatiana.

    ☐ fazer um convite para uma exposição.

    ☐ dar instruções para chegar ao Sítio do Picapau Amarelo.

    ☐ convidar para conhecer a Biblioteca Pública.

2. Releia o trecho do convite e observe as palavras destacadas.

    > **Atrevida**, **questionadora**, **espevitada**, **desaforada** e, principalmente, **falante**. Por isso, **encantadora**.

    ◆ Essas palavas:

    ☐ contam o que Emília faz todos os dias.

    ☐ descrevem a aparência física de Emília.

    ☐ caracterizam a personalidade de Emília.

    As palavras que indicam características de seres, objetos e lugares recebem o nome de **adjetivos**.

ATIVIDADES

1. Leia este trecho que trata de um animal.

A cutia é um pequeno roedor, muito esperto e desconfiado que habita as florestas brasileiras. É veloz, alimenta-se de sementes caídas das árvores, raízes e frutos. [...]

Disponível em: <www.portalamazonia.com.br/secao/amazoniadeaz/interna.php?id=56>. Acesso em: novembro de 2016.

a) Pinte, no trecho, as palavras que indicam as características da cutia.

b) Agora, complete a frase abaixo com as características que se referem à cutia.

A cutia é um animal _____, _____, _____ e _____.

c) As palavras que você escreveu são:

☐ adjetivos.

☐ substantivos.

2. Marque com um **X** as características que podem se referir a um gato.

☐ comilão ☐ estudioso ☐ veloz

☐ mansinho ☐ falante ☐ peludo

☐ preguiçoso ☐ bravo ☐ sorridente

◆ Agora, complete as frases.

a) As palavras que você marcou são _____.

b) Os adjetivos que você não marcou podem se referir a _____.

3. Leia estas adivinhas e tente desvendá-las. Escreva a resposta.

> O que é, o que é,
> um mundo verde
> onde a terra é vermelha
> e os habitantes são pretos?
>
> Adivinha popular.

> O que é, o que é,
> é gostosa,
> mas não tem gosto,
> é bonita, mas não tem cor?
>
> Adivinha popular.

_____   _____

a) Pinte os adjetivos das adivinhas.

b) Agora, complete estas frases com as respostas das adivinhas e com outros adjetivos que combinem com elas.

♦ A _____ é uma fruta _____ e

_____.

♦ A _____ é _____ para todos os seres vivos.

4. No diagrama **A**, encontre quatro adjetivos. No diagrama **B**, encontre quatro substantivos.

A

M	Z	E	P	W	Z	C
A	K	N	O	V	A	T
G	M	A	Y	H	O	B
R	W	M	A	C	I	O
O	F	O	R	T	E	P

B

V	Q	A	M	C	W	K
E	A	O	P	E	L	O
N	S	C	A	S	A	A
T	X	B	S	D	Z	R
O	R	U	G	A	T	O

♦ Combine cada substantivo com um adjetivo adequado a ele.

_____

_____

PARA ESCREVER MELHOR
ORTOGRAFIA: S, Z

Leia este texto.

www.minhavida.com.br

Na volta às aulas controle o peso da mochila

Crianças podem sofrer danos na coluna vertebral ao carregar uma mochila muito pesada. O peso pode afetar a forma dos ossos, impedindo o desenvolvimento [...]. São problemas que se não tratados quando **detectados** podem levar a prejuízos para a vida toda.

Disponível em: <http://www.minhavida.com.br/familia/materias/4279-na-volta-as-aulas-controle-o-peso-da-mochila>. Acesso em: outubro de 2016.

Detectados: encontrados, descobertos.

1. Leia em voz alta estas palavras do texto e observe as letras destacadas.

   pe**s**o • prejuí**z**o

   ◆ Complete:
   Nessas palavras, as letras **s** e **z** representam o som _____.

2. Leia em voz alta as palavras do quadro e circule as letras **s** e **z**.

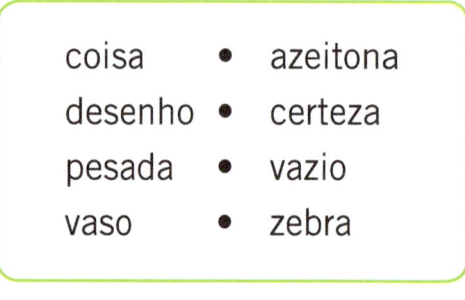

coisa	azeitona
desenho	certeza
pesada	vazio
vaso	zebra

   ◆ Nessas palavras, as letras **s** e **z** representam:

   ☐ o mesmo som.   ☐ som diferente.

CONCLUA!

O som /ze/ pode ser representado:

☐ apenas pela letra **z**.   ☐ pela letra **z** e pela letra **s**.

3. Complete o quadro. Veja o exemplo.

Complete a palavra	z	s	Escreva a palavra
a__z__ar	X		azar
pe____o			
avi____o			
reali____ar			
coi____a			
pre____a			
redu____ir			

4. Vamos recordar? Leia as palavras e coloque-as em ordem alfabética.
   Pista: Você terá de observar mais do que a primeira letra de algumas palavras.

> desenho • casarão • casinha • cozinha • blusa
> televisão • dúzia • limpeza • dezena • doze

_____

_____

a) Pinte de azul as palavras com **s** e de vermelho as palavras com **z**.

b) Nessas palavras, o som /ze/ é representado pelas letras _____

   e _____.

5. Complete as frases com as palavras que estão entre parênteses.

a) Este vestido é branco e _____. Tem um laço _____ na cintura. (rosa – rosado)

b) Compramos uma lata de _____ e um vidro de _____. (azeitonas – azeite)

c) Meu irmão vai se _____ e a festa do _____ será sábado. (casar – casamento)

6. Combine as palavras do quadro **1** com as do quadro **2** e escreva quatro cartazes diferentes.

1

- Pedágio
- Restaurante Matinhos
- *Pizzas* em domicílio
- Salão de beleza

2

- Visite nossa cozinha!
- Penteado, corte e tintura
- Pesagem de caminhões
- Portuguesa e calabresa

EURECA!

Prepare-se para um desafio daqueles!

◆ Complete o diagrama com palavras que tenham as letras **sa**, **se**, **si**, **so**, **su**.

Atenção: só valem palavras em que a letra **s** dos quadrinhos verdes representa o som /ze/.

Vamos nessa!

		S	A					
		S	A					
		S	U					
		S	O					
		S	I					
		S	A					
		S	E					

19 ARTIGO

Você gosta de frutas? Leia o nome de algumas delas.

As frutas

As frutas no Brasil, além das silvestres, constituem uma das fontes da alimentação do povo: a banana, a jaca, a fruta-pão, a melancia, o abacate, o mamão, o abacaxi, o coco e tantas mais; outras são regalos, para serem chupadas ou para refrescos e sorvetes, caju, o cupuaçu, o umbu, cujo suco misturado com o leite é tão apreciado, a laranja etc. E numerosíssimas as que servem para doces e compotas, como, por exemplo, a goiaba, o marmelo e a banana. [...]

Reinaldo Almeida. Disponível em: <www.jangadabrasil.com.br/temas/maio2008/te11205a.asp>. Acesso em: junho de 2016.

1. O assunto do texto é:

    ☐ as frutas brasileiras.

    ☐ o valor das frutas na alimentação.

2. Releia esta frase do texto e observe os substantivos destacados.

> As **frutas** no Brasil, além das silvestres, constituem uma das fontes da alimentação do povo: a **banana**, a **jaca**, a **fruta-pão**, a **melancia**, o **abacate**, o **mamão**, o **abacaxi**, o **coco** e tantas mais.

a) Quais são as palavras que acompanham os substantivos destacados? _____

b) Essas palavras:

☐ indicam características dos substantivos.

☐ indicam se os substantivos são masculinos ou femininos e se estão no singular ou no plural.

> As palavras que acompanham o substantivo e podem ajudar a indicar se ele é masculino ou feminino, se está no singular ou no plural, são chamadas de **artigos**.
> Os artigos são:
> ◆ **o, a, os, as**
> ◆ **um, uma, uns, umas**

3. Escreva na frente de cada substantivo o artigo que aparece no texto.

Artigo	Substantivo	Artigo	Substantivo
_____	abacaxi	_____	jaca
_____	banana	_____	frutas

◆ Faça um **X** nos artigos que você escreveu:

☐ feminino no singular. ☐ feminino no plural.

☐ masculino no plural. ☐ masculino no singular.

ATIVIDADES

1. Combine um artigo e um substantivo de cada quadro e complete os textos.

   | uma • a | árvore • sequoia |

   a) Qual é _____ mais alta do mundo?

   A maior árvore do mundo é _____ com pouco mais de 122 metros de altura. [...]

   | a • os • um | cactos • água • cacto |

   b) Quanto tempo _____ pode ficar sem água?

   _____ são vegetais extremamente adaptados à vida em regiões áridas e desérticas. No sertão nordestino, muitas espécies suportam mais de seis meses sem receber _____ das chuvas. [...]

   Disponível em: <www.guiadoscuriosos.ig.com.br/perguntas/174/2/flores-e-plantas.html>. Acesso em: novembro de 2016.

2. Complete as frases a seguir com um artigo adequado.

   a) _____ bola é _____ brinquedo universal, encontrado em todos _____ países do mundo.

   b) _____ imaginação das crianças pode transformar qualquer objeto em _____ brinquedo divertido.

   c) _____ cabo de vassoura pode virar _____ cavalinho; _____ caixa de papelão, _____ berço de _____ boneca.

PARA ESCREVER MELHOR
ORTOGRAFIA: **QUA, QUE – QUI**

Leia este texto e observe as palavras destacadas.

A barraquinha

Vem, vem, vem Sinhazinha
Vem, vem para provar
Vem, vem, vem Sinhazinha
Na barraquinha comprar.

Pé de moleque queimado
Cana, aipim, batatinha
Ó quanta coisa gostosa
Para você Sinhazinha.

Cantiga popular.

1. Releia em voz alta estas palavras do texto e observe as letras destacadas.

    barra**qui**nha • **que**imado

    ◆ Ao falar essas palavras você:

    ☐ pronunciou a letra **u**.

    ☐ não pronunciou a letra **u**.

2. Agora, leia em voz alta esta outra palavra do texto.

    quanta

    ◆ Ao falar essa palavra, você:

    ☐ pronunciou a letra **u**.

    ☐ não pronunciou a letra **u**.

187

3. Encontre e escreva mais uma palavra do texto com a sílaba **que**.

_____

4. Leia os substantivos a seguir e separe-os nas colunas corretas. Veja o exemplo.

> esquilo • muriqui • periquito • quati • queijadinha
> queijo • queixada • quero-quero • quiabo • quibe • quibebe

Animais		
qua	que	qui
quati		

Alimentos		
qua	que	qui

◆ Agora, responda.

a) Que coluna ficou vazia? _____

_____

b) Qual é o nome do animal com a sílaba **qua**? _____

5. Complete as frases interrogativas com uma destas palavras do quadro.

> por que • quais • quando
> quanto • que • quem

a) _____ custa esta caixa de caqui?

b) _____ o caquizeiro dá frutos?

c) _____ são as vitaminas do caqui?

d) _____ tipos de caqui existem?

e) _____ alguns caquis "amarram" na boca?

f) _____ gosta de caqui?

6. Complete este quadro.

Complete a palavra	que	qui	Escreva a palavra
brin_____do			
e_____pe			
par_____			

a) Pinte as sílabas **que** e **qui** das palavras que você escreveu.

b) Quais são as vogais que aparecem depois da letra **u**?

_____

CONCLUA!

☐ Nessas palavras, a letra **u** do grupo **qu** não é pronunciada antes das vogais **e** e **i**.

☐ Nessas palavras, a letra **u** do grupo **qu** é pronunciada antes de **e** e **i**.

7. Marque com um **X** o que acontece quando você lê as palavras do quadro em voz alta.

Palavras	Letra **u** é pronunciada	Letra **u** não é pronunciada
quinze		
sequência		
quente		

CONCLUA!

No grupo **qu**, a letra **u**:

☐ nunca é pronunciada.   ☐ sempre é pronunciada.

☐ às vezes é pronunciada, às vezes não é pronunciada.

8. Ordene as sílabas e complete as placas.

tan - da - qui

lo - qui

lho - se - qui

dim - quin

_____ São José

Tomate

R$ 3,00 _____

Doçaria Cidinha

_____ – R$ 5,00 o pacote

_____ – R$ 10,00 o quilo

◆ Você escreveu palavras com:

☐ **que**.   ☐ **qui**.

190

EURECA!

O que é, o que é?

◆ Leia cada adivinha e descubra o que é, o que é! Depois escreva a resposta.
Boa sorte!

1
De leite é feito,
Muito bom e nutritivo
Seu nome rima com beijo?
_____

2
Que varre o céu todo dia?
_____

3
Com dez patas vai de lado,
constelação tem seu nome,
não tem pescoço e é caçado
porque é gostoso e se come?
_____

4
Nada, mas não é peixe,
tem pena, mas não voa?
_____

20 NUMERAL

Leia este texto e veja o que pode ter em uma casa.

Contabilidade

Naquela casa tem:
dois dentes de alho
torrados.
Três cabeças de repolho
inchadas.

Dezoito pés de alface
encrespados.
Uma mala
sem alça.
E um sonho
de valsa.

Paulo Netho. *Poesia futebol clube e outros poemas.* São Paulo: Formato, 2016.

1. A finalidade desse texto é:

   ☐ ensinar uma receita.

   ☐ divertir o leitor.

2. Observe estas palavras do texto.

   dois • dezoito • uma • um

   ◆ Essas palavras:

   ☐ indicam a qualidade das coisas que uma casa tem.
   ☐ indicam a quantidade de coisas que uma casa tem.

Palavras que indicam uma **quantidade** de seres ou objetos recebem o nome de **numerais cardinais**. Exemplos: dois, quatro, cinquenta.

Palavras que indicam o lugar que um ser ou objeto ocupa em determinada ordem recebem o nome de **numeral ordinal**. Exemplos: primeiro, segundo, quinto.

Veja o quadro com exemplos desses numerais.

	Cardinais
1	um
2	dois
3	três
4	quatro
5	cinco
6	seis
7	sete
8	oito
9	nove
10	dez
11	onze
20	vinte
30	trinta
40	quarenta
100	cem
1000	mil

	Ordinais
1º	primeiro
2º	segundo
3º	terceiro
4º	quarto
5º	quinto
6º	sexto
7º	sétimo
8º	oitavo
9º	nono
10º	décimo
11º	décimo primeiro
20º	vigésimo
30º	trigésimo
40º	quadragésimo
100º	centésimo
1000º	milésimo

ATIVIDADES

1. Observe os objetos da mochila desta menina.

    a) Agora, escreva a quantidade dos objetos que aparecem na figura.

    _____ borrachas   _____ livros

    _____ canetas   _____ figurinhas

    _____ cadernos   _____ sanduíche

    b) As palavras que você escreveu são:

    ☐ numerais ordinais.   ☐ numerais cardinais.

2. Leia as frases. Escreva os numerais por extenso.

    a) O rio Tietê, no estado de São Paulo, tem quase 1 200 quilômetros de extensão.

    _____

    b) O rio São Francisco, que atravessa o estado da Bahia, tem 2 800 quilômetros de extensão.

    _____

    c) Uma castanheira-do-pará pode alcançar a altura de 50 metros.

    _____

    d) O Brasil tem mais de 8 000 quilômetros de praias.

    _____

3. Compare a altura destas crianças.

   Marcelo — 1,39
   Márcia — 1,32
   Sílvia — 1,22

   a) Indique a altura de cada criança escrevendo os numerais por extenso.

   Marcelo tem _____ metro e _____ centímetros.

   Márcia tem _____ metro e _____ centímetros.

   Sílvia tem _____ metro e _____ centímetros.

   b) Nessas frases, você usou numerais:

   ☐ ordinais.　　　☐ cardinais.

4. Compare novamente a altura das crianças da atividade 3.

   a) Escreva o numeral por extenso para indicar a ordem de tamanho das crianças.

   Marcelo é o _____ em altura.

   Márcia é a _____ em altura.

   Sílvia é a _____ em altura.

   b) Nessas frases, você usou numerais:

   ☐ ordinais.　　　☐ cardinais.

PARA ESCREVER MELHOR
ORTOGRAFIA: GUA, GUE – GUI

Leia este cartaz.

Você sabia que são perdidos 280 litros de água ao lavar a calçada com a mangueira?
#economizeágua

Disponível em: <http://catedraldebotucatu.org.br/up-content/uploads/2014/10/sabesp.gif>. Acesso em: dezembro de 2016.

1. Leia em voz alta estas palavras retiradas do cartaz.

   água • mangueira

   ◆ Nessas palavras:

   ☐ a letra **u** é pronuncida em **água** e também em **mangueira**.

   ☐ a letra **u não** é pronunciada em **água** nem em **mangueira**.

   ☐ a letra **u** é pronunciada em **água**, mas **não** é pronunciada em **mangueira**.

2. Leia as palavras do quadro e circule aquelas que podem ser pronunciadas como **mangueira**.

   água • águia • foguete • guarda
   guepardo • Guilherme • guincho
   linguiça • Miguel • pinguim

3. Pinte os animais com nomes que tenham a sílaba **gua**.

jaguatirica   lobo-guará   mosquito

biguá   esquilo   guaxinim

4. Leia as palavras abaixo. Circule as sílabas **gue** e **gui**.

caranguejo • cabo de guerra • estilingue • guidão
guitarra • jegue • pingue-pongue • preguiça

5. Escreva a forma diminutiva destes substantivos.

morcego _____

morango _____

formiga _____

amigas _____

◆ As palavras que você escreveu são escritas com a sílaba:

☐ **gua**.   ☐ **gue**.   ☐ **gui**.

6. Preencha o quadro.

Complete a palavra	gue	gui	Escreva a palavra
es _____ cho			
san _____			
_____ ar			

a) Quais são as vogais que aparecem depois da letra **u**?

_____

b) Nesses grupos, você pronunciou a letra **u**?

_____

CONCLUA!

Nessas palavras, a letra **u** do grupo **gu**:

☐ não é pronunciada antes das vogais **e** e **i**.

☐ é pronunciada antes das vogais **e** e **i**.

7. Agora, leia em voz alta estas palavras e preste atenção na letra **u**.

linguiça • pinguim • sagui • caranguejo • aguentar • guindaste

♦ Pinte as palavras do quadro de acordo com a cor indicada.

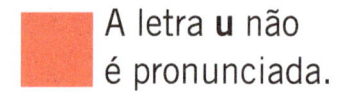

🟥 A letra **u** não é pronunciada.

🟨 A letra **u** é pronunciada.

CONCLUA!

No grupo **gu**, a letra **u**:

☐ nunca é pronunciada.

☐ nem sempre é pronunciada.

☐ sempre é pronunciada.

EURECA!

Vamos jogar boliche e formar palavras?

◆ Pinte cada pino com a cor de uma das bolas. Para isso, observe as letras que faltam para completar as palavras.

◆ Cada combinação que você acertar "derruba" o pino e vale 1 ponto. Some os pontos ao final.

Pinos: ○rda, sa○, je○, ○rra, san○, lin○, lin○ça, ○a, ○a, á○a, man○

Bolas: GUA, GUI, GUE

Eu fiz _____ pontos.

21 PRONOME

Leia esta tirinha.

> **VOCÊ SABE O QUE HÁ DE ERRADO COM SUA MÃE?**
> **NÃO. NO ENTANTO, ELA FOI AO MÉDICO HOJE.**
>
> **EU ADORARIA SE... NÃO.**
> **O QUÊ?**
>
> **VOCÊ NÃO ACHA QUE ELA ESTÁ ESPERANDO UM BEBÊ, ACHA!**
> **UM BEBÊ?!?**
>
> **POR QUE ELA IRIA QUERER OUTRA CRIANÇA? ELA JÁ TEM A MIM!**
> **SIM, ELA DEVE TER APRENDIDO A LIÇÃO...**

Bill Watterson. Tem alguma coisa babando embaixo da cama. *As aventuras de Calvin e Haroldo*. São Paulo: Conrad Editora, 2010.

1. A principal finalidade dessa tirinha é:

☐ ensinar algo ao leitor. ☐ divertir o leitor.

☐ dar uma informação ao leitor.

2. A palavra **eu**, no segundo quadrinho, refere-se:

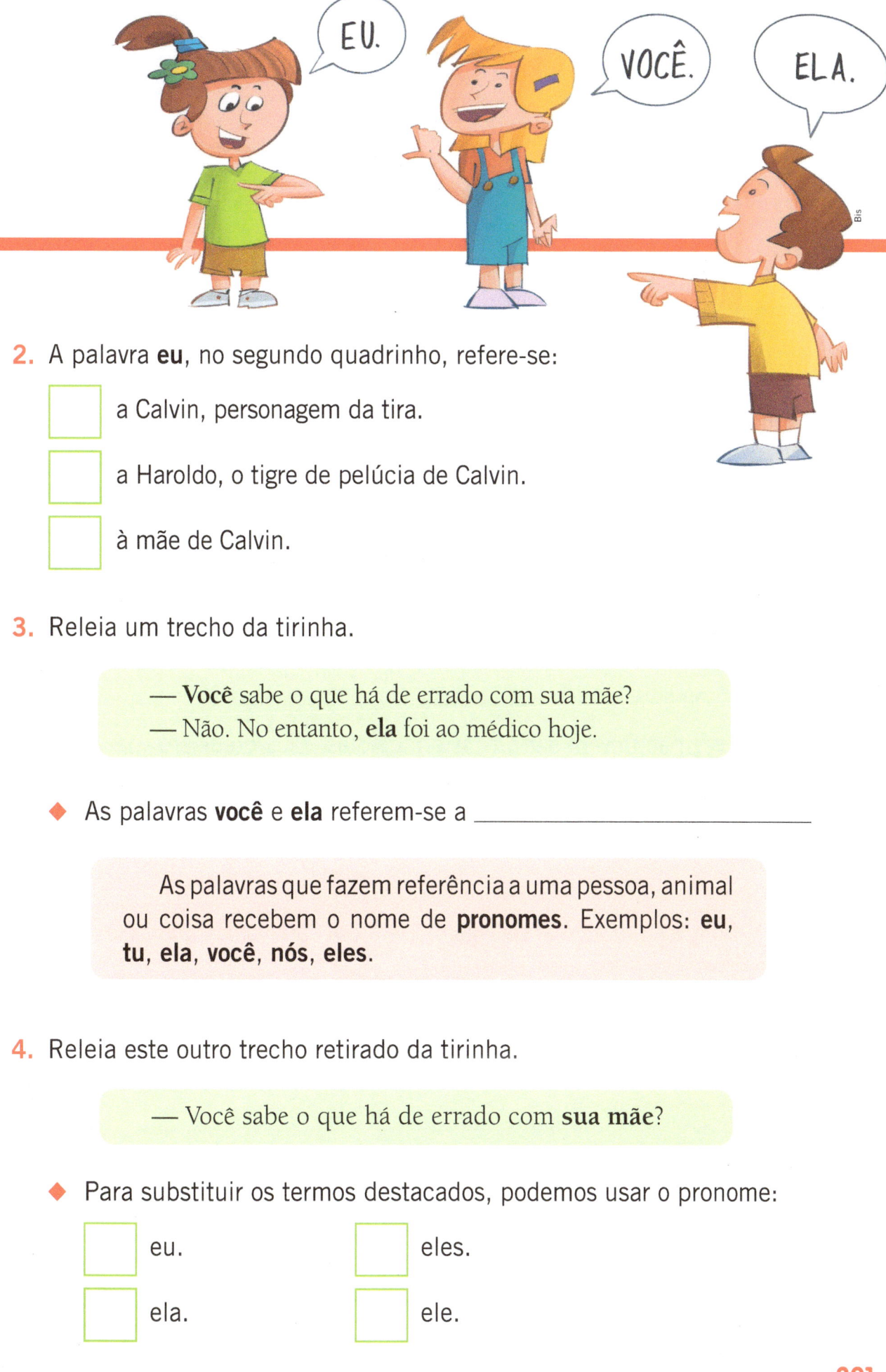

☐ a Calvin, personagem da tira.

☐ a Haroldo, o tigre de pelúcia de Calvin.

☐ à mãe de Calvin.

3. Releia um trecho da tirinha.

> — **Você** sabe o que há de errado com sua mãe?
> — Não. No entanto, **ela** foi ao médico hoje.

◆ As palavras **você** e **ela** referem-se a _____

> As palavras que fazem referência a uma pessoa, animal ou coisa recebem o nome de **pronomes**. Exemplos: **eu, tu, ela, você, nós, eles**.

4. Releia este outro trecho retirado da tirinha.

> — Você sabe o que há de errado com **sua mãe**?

◆ Para substituir os termos destacados, podemos usar o pronome:

☐ eu. ☐ eles.

☐ ela. ☐ ele.

ATIVIDADES

1. Complete com o pronome adequado.

    a) _____ sou o Calvin.

    b) Meu amigo é o Haroldo; _____ é um tigre.

    c) _____ sempre passamos o dia juntos.

    d) Meus colegas gostam do Haroldo; _____ sempre querem brincar com ele.

2. Leia as frases a seguir.

    a) Algumas pessoas mantêm animais e pássaros em cativeiro. Não sei por que elas fazem isso.

    ◆ A quem se refere o pronome **elas**?

    Ao substantivo _____.

    b) Aves não devem ser presas em gaiolas. Elas precisam voar em liberdade pelo céu.

    ◆ A quem se refere o pronome **elas**?

    Ao substantivo _____.

    c) O tigre é um animal selvagem. Ele é um carnívoro encontrado na Ásia.

    ◆ A quem se refere o pronome **ele**?

    Ao substantivo _____.

CONCLUA!

Os pronomes:

☐ podem substituir um substantivo.

☐ repetem o substantivo já usado.

3. Relacione cada frase da coluna **A** com uma outra frase da coluna **B** em que o pronome substitui corretamente os termos destacados na coluna **A**.

A

1. **As aves** têm o corpo coberto de penas.

2. **Os pinguins** sabem nadar.

3. **O avestruz** é a maior ave do mundo.

4. **A chita** é o animal mais veloz do mundo.

B

☐ Mas eles não sabem voar.

☐ Elas são encontradas em vários ambientes terrestres.

☐ Ela pode correr a 100 quilômetros por hora.

☐ Ele mede dois metros e meio de altura.

a) Circule os pronomes que você encontrou.

b) Encontre o substantivo a que cada pronome se refere e escreva-os.

_____

_____

c) Pinte de cores iguais o pronome e o substantivo ao qual ele se refere. **Atenção:** use uma cor diferente para cada dupla de substantivo-pronome.

d) Os pronomes que você circulou se referem a:

☐ outros pronomes.   ☐ nomes de pessoas.   ☐ substantivos.

CONCLUA!

Os pronomes **ele** e **eles** referem-se a substantivos

no _____ e os pronomes **ela** e **elas** referem-se a substantivos

no _____ .

203

PARA ESCREVER MELHOR
ORTOGRAFIA: NS

Leia a tirinha:

1. Releia esta palavra do texto e observe a separação das sílabas.

   monstros → mons-tros

   a) As letras **ns** ficaram na mesma sílaba ou em sílabas diferentes?

   _____

   b) Separe agora as sílabas destas palavras.

   monstrengo - _____

   monstrinho - _____

2. Observe o plural desta palavra:

   armazém → armazéns

   a) Releia a tirinha e escreva a palavra cujo plural é feito como em **armazém**.

   _____

   b) Escreva o plural da palavra encontrada no item **a**.

   _____

3. Forme palavras com as sílabas dos quadros.

Quadro 1

POR	TAR	TRANS
RAR	TRANS	PI
MI	TIR	TRANS

Quadro 2

TRU	INS	ÇÃO
TI	TO	INS	TU
LAR	INS	TA

Quadro 3

TE	LA	CONS	ÇÃO
TRU	TOR	CONS
TRU	CONS	IR

_____   _____   _____

_____   _____   _____

_____   _____   _____

a) Qual é a sílaba que se repete em cada quadro?

1 _____   2 _____   3 _____

b) Na separação de sílabas, as letras **ns** ficam juntas ou separadas?

_____

4. Encontre no diagrama as palavras que completam as frases.

T	R	A	N	S	P	I	R	A	M
C	F	P	A	R	A	B	É	N	S
D	D	A	B	E	N	S	T	Y	A
T	R	A	N	S	P	O	R	T	E

a) O barco é um _____ usado para navegação em rios.

b) As plantas também _____.

c) Os _____ da família serão divididos igualmente.

d) Todos cantaram _____ muito animados.

205

5. Combine as palavras dos conjuntos A e B e complete os espaços de acordo com as figuras.

Conjunto A	Conjunto B
instrumentos instituto instalação transporte	de chuveiros de encomendas de beleza musicais

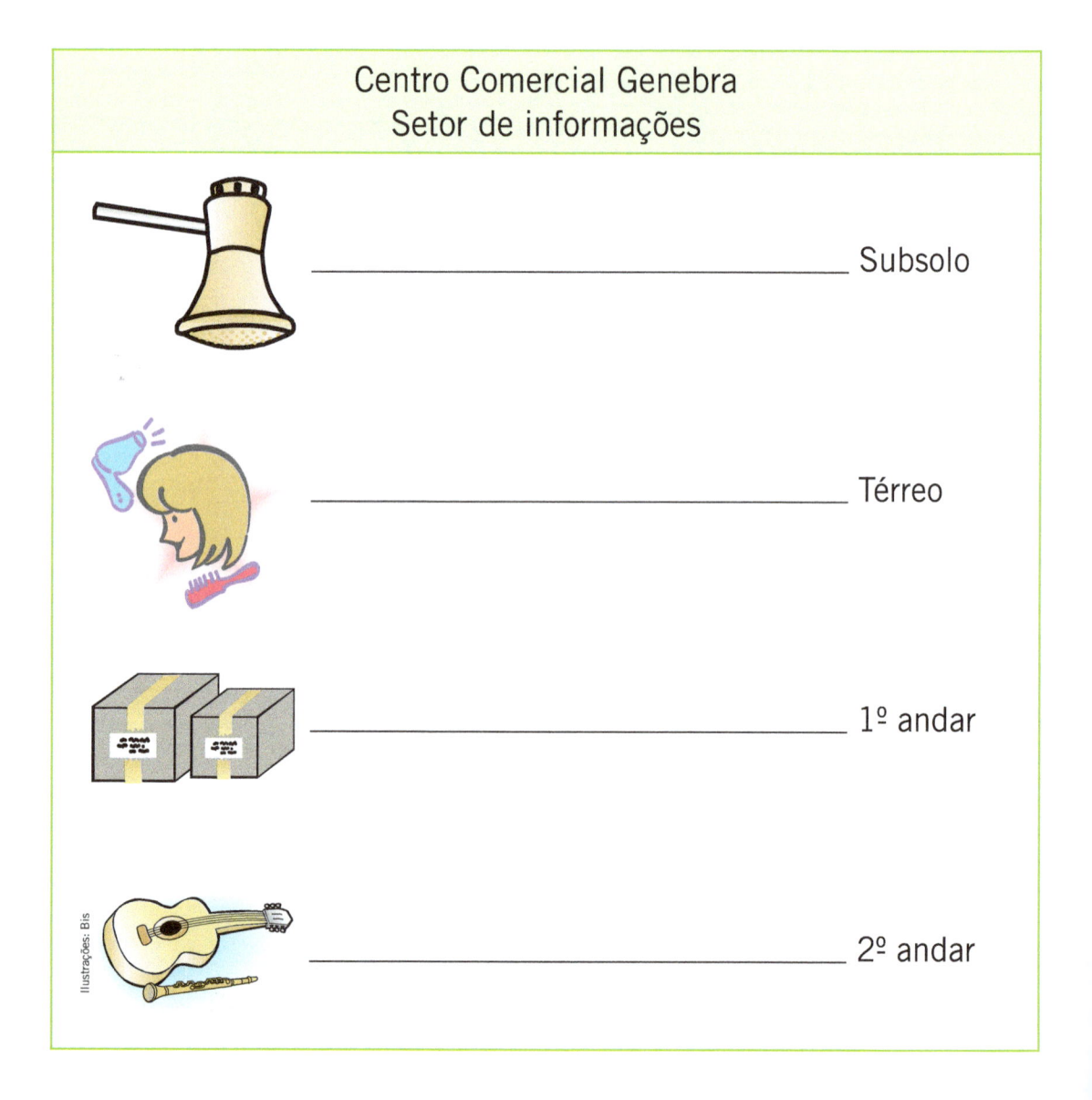

Centro Comercial Genebra
Setor de informações

_____ Subsolo

_____ Térreo

_____ 1º andar

_____ 2º andar

◆ Circule as sílabas com **ns**.

DIVERTIDAMENTE

Vamos completar a cruzadinha?

◆ Todas as palavras que dão nome às figuras fazem o plural com **-ns**. Escreva nos espaços correspondentes o plural dessas palavras. Uma palavra já está pronta.

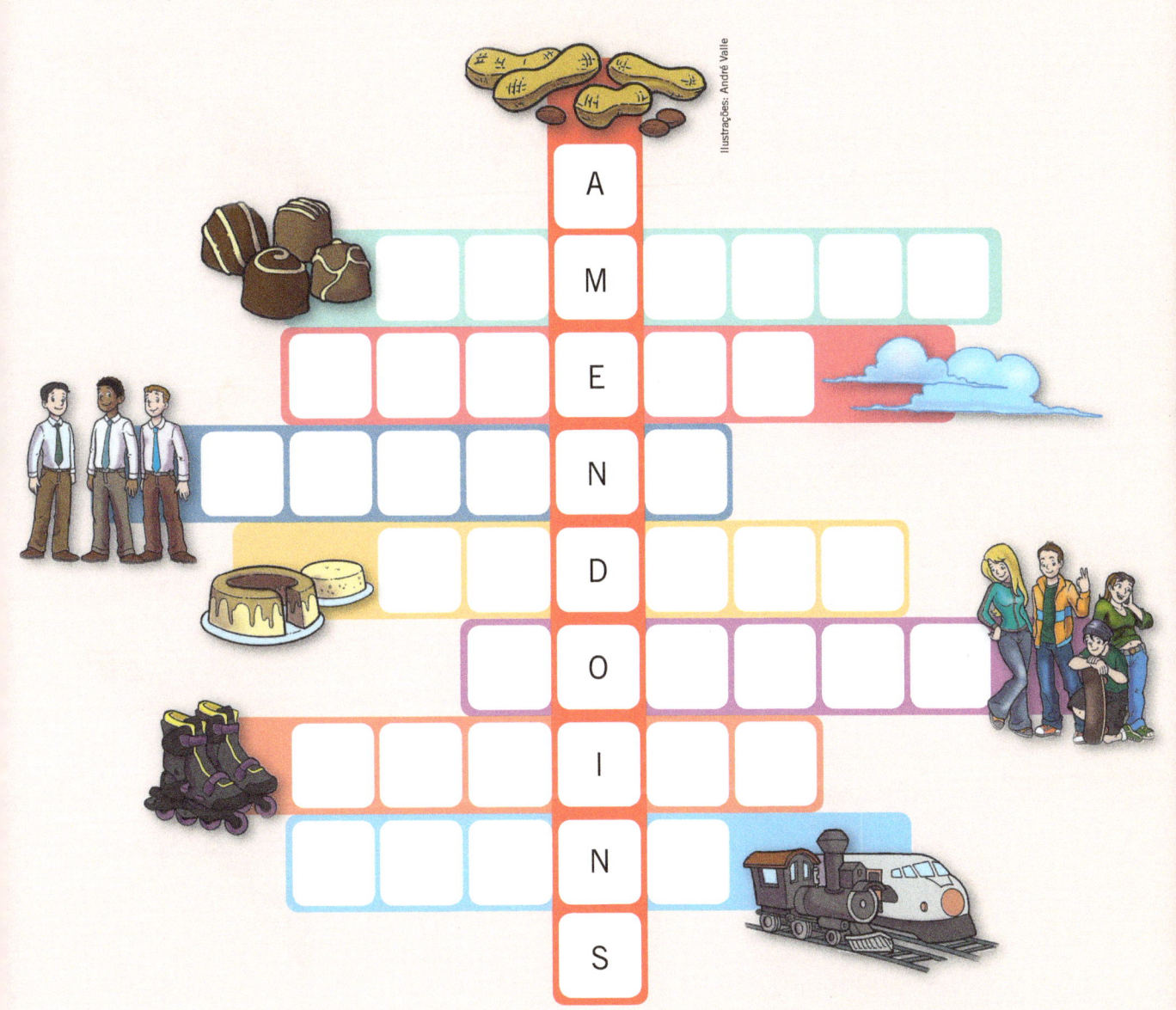

A
M
E
N
D
O
I
N
S

207

22 VERBO

Leia este texto.

Gavião-tesoura é identificado pela cauda, que inspira o nome popular

[...]

Alimenta-se de pequenos répteis e invertebrados que captura e come em voo. Vive em bandos de 5 a 10 indivíduos e se reproduz em **colônias**, onde forma dormitórios coletivos. **Nidifica** no alto das árvores e constrói o ninho com gravetos, musgos e ramos. Para proteger o ninho eles se juntam e dão um mergulho rápido seguido de **vocalização**.

[...]

Disponível em: <http://g1.globo.com/sp/campinas-regiao/terra-da-gente/especiais/noticia/2015/09/gaviao-tesoura-e-identificado-pela-cauda-que-inspira-o-nome-popular.html>.
Acesso em: novembro de 2016.

Colônias: grupos.
Nidifica: faz o ninho.
Vocalização: sons do canto.

1. Qual é o assunto desse texto?

   ☐ A explicação do nome do gavião-tesoura.

   ☐ A alimentação do gavião-tesoura.

   ☐ Os hábitos do gavião-tesoura.

2. Observe o quadro.

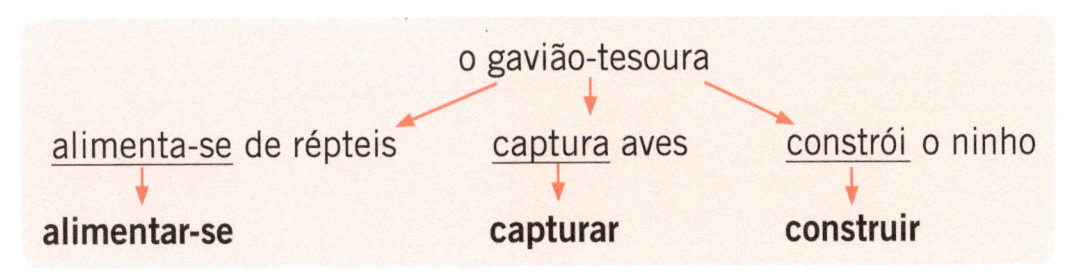

```
                    o gavião-tesoura
        ↙                 ↓                ↘
alimenta-se de répteis   captura aves     constrói o ninho
        ↓                 ↓                ↓
   alimentar-se         capturar          construir
```

◆ As palavras destacadas no quadro indicam:

☐ como o gavião-tesoura é.   ☐ o que o gavião-tesoura faz.

As palavras **alimentar-se**, **capturar** e **construir** indicam ação e recebem o nome de **verbos**. O verbo se modifica de acordo com as pessoas que praticam a ação. Essas pessoas são indicadas por nomes ou pronomes. Por exemplo: **Ele** viv**e**/**Eles** viv**em**.

3. Encontre no texto outros verbos que indicam o que o gavião faz e complete o quadro.

		pequenos répteis.
O gavião		em bandos.
		em colônias.

◆ Complete a frase.

As palavras que você escreveu são _____ e

indicam _____.

209

ATIVIDADES

1. Complete o quadro do verbo **mergulhar**.

Verbo mergulhar	
Singular	Plural
Eu mergulho	Nós
Tu mergulhas	Vós mergulhais
Ele	Eles
Ela	Elas

2. Complete os verbos de acordo com os pronomes.

Brincar	Correr	Partir
Eu brinc_____	Eu corr_____	Eu part_____
Tu brinc_____	Tu corr_____	Tu part_____
Ela brinc_____	Ele corr_____	Ele part_____
Nós brinc_____	Nós corr_____	Nós part_____
Eles brinc_____	Elas corr_____	Eles part_____

a) **Pinte** as terminações usadas para o pronome **eu** em todos os verbos.

b) Nesses casos, essas terminações:

☐ são iguais.

☐ são diferentes.

3. Descubra cinco verbos no diagrama e complete as frases com eles.

P	A	R	E	C	E	M	T	X	D	E	S	P	E	R	T	A	M
J	G	R	W	R	E	C	I	S	U	M	K	S	J	G	R	J	G
B	R	I	N	C	A	M	Y	V	X	C	O	R	R	E	B	R	I

a) Os golfinhos e as baleias _____ peixes, mas são mamíferos.

b) Os golfinhos _____ com os mergulhadores no fundo do mar.

c) Esses mamíferos _____ grande simpatia em todos nós.

d) A baleia jubarte _____ risco de extinção.

4. As figuras a seguir indicam ações que as pessoas podem praticar.

nadar — ler — ver televisão — dirigir

jogar futebol — jogar vôlei — viajar de avião

◆ Complete as frases com os verbos que indicam essas ações. Use o ponto para finalizar suas frases.

Eu sempre _____

Às vezes, eu _____

Eu nunca _____

PARA ESCREVER MELHOR
ORTOGRAFIA: X E CH

Leia este trava-língua.

> O Juca ajuda: encaixa a **caixa**, **agacha**, **engraxa**.
>
> Trava-língua popular.

1. Leia em voz alta estas palavras e observe as letras destacadas.

agacha • caixa

◆ Nessas palavras, as letras **ch** e **x**:

☐ representam o mesmo som.

☐ representam sons diferentes.

2. Descubra na faixa outras palavras com **x** e com **ch** e escreva-as nos quadros.

AGACHADOCAIXÃOGANCHOCAIXOTEENGRAXARAGACHARENGRAXATE

X	CH
_____	_____
_____	_____
_____	_____

◆ Nas palavras que você escreveu, o som /xe/:

☐ é representado apenas pela letra **x**.

☐ é representado por **x** e por **ch**.

3. Ordene as sílabas e escreva as palavras formadas nos quadros corretos.

xo bai   chu ra da va   va chu

chu ro vei   em xo bai   de xo bai

Família do **x**	Família do **ch**
_____	_____
_____	_____
_____	_____

◆ Nessas palavras, as letras **ch** e **x** representam:

☐ o mesmo som.   ☐ sons diferentes.

4. Ordene as sílabas do quadro e forme palavras. Depois, escreva essas palavras ao lado da frase correspondente.

da-xa-en • gar-xu-en • pe-ro-xa • ca-ra-xí • gar-xin

Medicamento que se toma contra a tosse. _____

Recipiente com asa para bebidas. _____

Dizer insultos para alguém. _____

Instrumento para cavar. _____

Secar com uma toalha. _____

a) As palavras que você formou escrevem-se com:

☐ a letra **x**.   ☐ o dígrafo **ch**.

b) Em todas as palavras, a letra **x** representa:

☐ o som /*xe*/.   ☐ o som /*ze*/.

213

5. Leia atentamente o cardápio. Escolha um aperitivo, uma bebida e uma sobremesa e escreva seus pedidos.

LANCHONETE BAURU

Aperitivos
- iscas de peixe
- coxinha
- ovos mexidos
- salsicha empanada

Bebidas
- chá
- chocolate quente ou frio
- sucos:
   ameixa
   laranja
   mexerica

Sobremesas
- churro
- pudim de ameixa
- sorvete de abacaxi
- bolo xadrez

Pedido 1: Aperitivo _____

Pedido 2: Bebida _____

Pedido 3: Sobremesa _____

6. Escreva uma frase para cada figura. Utilize as palavras **chega** e **enxergar**.

a) _____

b) _____

EURECA!

Descubra quem é!

◆ Leia a seguir algumas ações de um personagem da história *Alice no país das maravilhas* e tente adivinhar quem é.

> Ele não anda; corre contra o tempo.
> Vive no País das Maravilhas.
> Faz companhia para a menina Alice.

◆ Adivinhou? Circule o personagem na cena.

ALICE NO PAÍS DAS MARAVILHAS

23 VERBO: PRETÉRITO, PRESENTE E FUTURO

Leia os versos desta cantiga popular.

Eu fui no Itororó
Beber água, não achei
Achei bela morena
Que no Itororó deixei.

Aproveita minha gente
Que uma noite não é nada
Se não dormir agora
Dormirá de madrugada.

Ô dona Maria
Ô Mariazinha
Entrará na roda
Ou ficará sozinha.

Sozinha eu não fico
Nem hei de ficar
Porque tenho o Pedrinho
Para ser meu par.

Cantiga popular.

1. A cantiga popular:

    □ informa o leitor.   □ encanta e diverte o leitor.

    □ ensina a brincar de roda.   □ faz um convite.

2. Releia estes versos e observe as palavras destacadas.

    > **Achei** bela morena
    > Que no Itororó **deixei**.

    ◆ Essas palavras são verbos e expressam fatos que:

    □ estão acontecendo ou acontecem sempre.

    □ já aconteceram.

3. Agora, releia estes outros versos e observe os verbos destacados.

    > Ô Mariazinha
    > **Entrará** na roda
    > Ou **ficará** sozinha.

    ◆ Esses verbos indicam fatos que:

    □ vão acontecer.   □ já aconteceram.

Os verbos se modificam para indicar tempo pretérito (passado), tempo presente e tempo futuro.

4. Leia esta frase.

> Ele **dormirá** de madrugada.

a) Essa frase indica um fato que:

☐ está acontecendo ou acontece sempre.

☐ vai acontecer.

☐ já aconteceu.

b) Nessa frase, o verbo está no:

☐ presente.   ☐ futuro.   ☐ pretérito.

c) Passe a frase para um tempo diferente daquele que você marcou.

Ele _____ de madrugada.

5. Releia estes versos da cantiga e observe o verbo destacado.

> Eu fui no Itororó
> Beber água, não **achei**

◆ Complete cada coluna de acordo com os tempos verbais.

Verbo achar		
Presente	Pretérito (passado)	Futuro
Eu acho	Eu achei	Eu acharei
Tu achas	Tu achaste	Tu acha_____
Ela acha	Ela ach_____	Ela acha_____
Nós acha_____	Nós acha_____	Nós acha_____
Eles ach_____	Eles acha_____	Eles acha_____

ATIVIDADES

1. Complete com as formas do verbo **achar** indicadas entre parênteses.

    a) Nós não _____ água no Itororó. (pretérito)

    b) Eles _____ uma bela morena. (pretérito)

    c) Ela _____ água na fonte da pracinha. (futuro)

2. Leia o texto e observe os verbos destacados.

    Em 5 de junho, no Dia Mundial do Meio Ambiente, os alunos do 3º ano **visitarão** o Parque Ecológico do Tietê.
    Todos os alunos **deverão** estar na escola às 7h30.
    O ônibus **retornará** à escola às 15h.

    ◆ Os verbos destacados estão:

    ☐ no presente.   ☐ no pretérito.   ☐ no futuro.

3. Agora, leia este texto e circule os verbos no pretérito.

    Beatriz não participou da visita ao Parque Ecológico do Tietê.
    Ela teve febre e ficou o dia todo na cama.

    ◆ Esses verbos estão no pretérito porque os fatos:

    ☐ vão acontecer.   ☐ já aconteceram.

    ☐ estão acontecendo.

PARA ESCREVER MELHOR
ORTOGRAFIA: AM, ÃO

Leia o texto e observe as palavras destacadas.

No ano 3 000
Os homens já vão ter
se cansado das máquinas
e as casas serão novamente românticas.
O tempo vai ser usado sem pressa:
gerânios **enfeitarão** as janelas,
amigos **escreverão** longas cartas.
[...]

Roseana Murray. *Casas.*
São Paulo: Formato, 2016.

1. Releia este trecho e observe os verbos destacados.

   gerânios **enfeitarão** as janelas,
   amigos **escreverão** longas cartas.

   As formas verbais destacadas estão no tempo _____, pois indicam fatos que ainda podem acontecer. Elas apresentam a terminação _____.

   ◆ Agora, leia o mesmo trecho com os verbos modificados.

   gerânios **enfeitaram** as janelas,
   amigos **escreveram** longas cartas.

   As formas verbais destacadas estão no pretérito, pois indicam fatos que já _____. Elas apresentam a terminação _____.

CONCLUA!

As formas verbais com a terminação **-ão** indicam que o verbo está no _____.

As formas verbais com a terminação **-am** indicam que o verbo está no _____.

2. Ordene as sílabas do quadro e forme palavras. Depois, escreva-as ao lado dos verbos correspondentes.

> rão-te • sa-rão-pas • rão-de-po • u-rão-sa

poder _____   usar _____

passar _____   ter _____

a) As palavras que você escreveu têm a terminação:

☐ -ão.   ☐ -am.

b) Essas palavras são formas verbais:

☐ no presente.   ☐ no pretérito.   ☐ no futuro.

3. Leia os quadros.

> - **Ontem**, amigos **escreveram** longas cartas.
> - **Na semana passada**, amigos **escreveram** longas cartas.

> - **Amanhã**, amigos **escreverão** longas cartas.
> - **No mês que vem**, amigos **escreverão** longas cartas.

Agora, complete as frases.

a) Os verbos no _____ podem ser acompanhados de palavras ou expressões que indicam tempo passado.

b) Os verbos no _____ podem ser acompanhados de palavras ou expressões que indicam tempo futuro.

4. Complete as frases com o pretérito ou com o futuro dos verbos entre parênteses.

a) Amanhã os alunos _____ o trabalho em sala de aula. (terminar)

b) Os professores _____ as notas na próxima segunda-feira. (entregar)

c) Ontem, os meninos _____ futebol na quadra até as cinco horas. (treinar)

d) Na semana que vem, os professores _____ os pais para uma reunião. (convidar)

5. Reescreva as frases com os verbos no pretérito e no futuro.

a) Os rios **ficam** poluídos.

Pretérito: _____

Futuro: _____

b) Alguns convidados **chegam** atrasados à festa.

Pretérito: _____

Futuro: _____

◆ Agora, complete o quadro.

Tempo do verbo	O que ele indica
pretérito	Fatos que já aconteceram.
presente	Fatos que _____.
futuro	Fatos que ainda _____.

DIVERTIDAMENTE

◆ Ligue as formas verbais do presente, pretérito e futuro.
Comece pelo local indicado e descubra a figura de um mamífero.

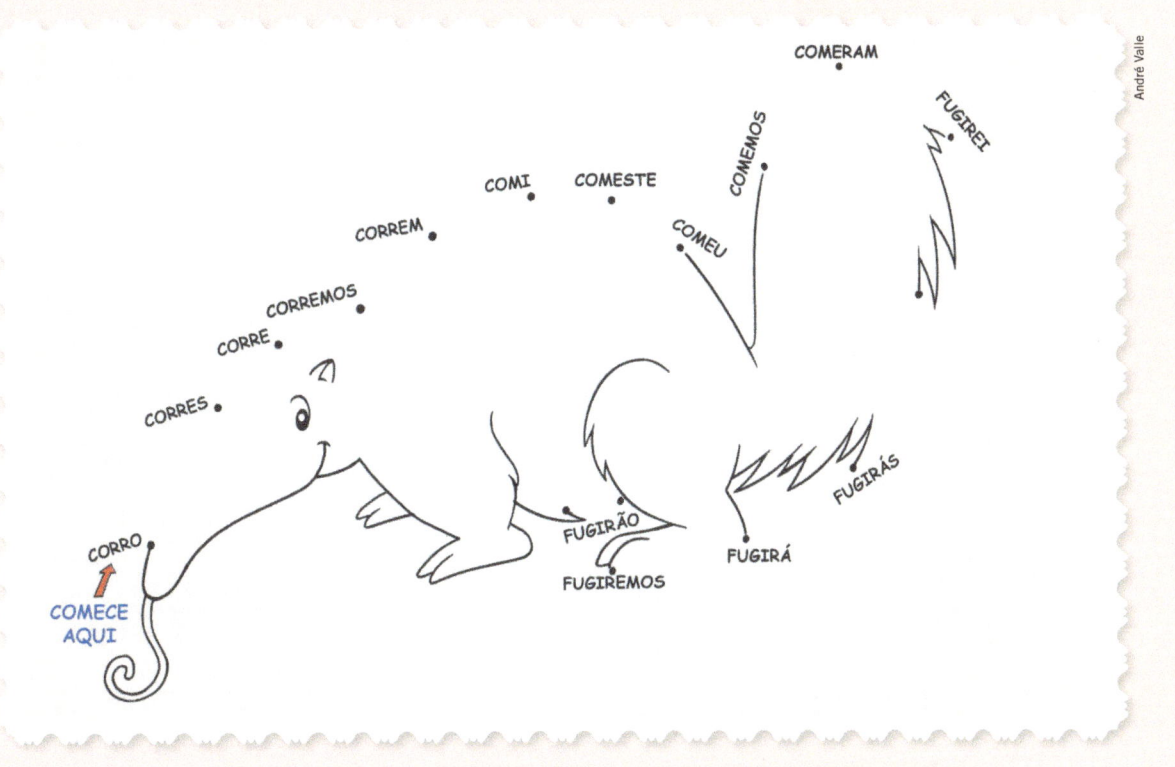

COMERAM
FUGIREI
COMI
COMESTE
COMEMOS
CORREM
COMEU
CORREMOS
CORRE
CORRES
FUGIRÁS
CORRO
FUGIRÃO
FUGIRÁ
COMECE AQUI
FUGIREMOS

◆ Qual foi o animal que você descobriu ligando os pontos?

_____

◆ Agora, escreva os verbos da figura no quadro adequado.

Verbos no presente	Verbos no pretérito	Verbos no futuro

223

REVISÃO

1. Leia em voz alta o folheto. Circule as palavras em que as letras **s** e **z** representam o som /ze/.

Mercado SÃO LUÍS

Roupas
camisas de linho	R$ 30,00
vestidos de seda	R$ 40,00
casacos	R$ 70,00
blusas	R$ 15,00
saias	R$ 15,00

Alimentos
azeite	R$ 2,00/lata
azeitona	R$ 1,00/vidro
maionese	R$ 2,00/pote
presunto	R$ 9,00/peça
arroz	R$ 3,00/pacote
óleo de soja	R$ 1,00/lata
maisena	R$ 2,00/caixa

2. Observe as palavras abaixo e use-as como exemplo para completar os quadros.

formiga • formiguinha   macaco • macaquinho

caranguejo _____   pulga _____

♦ As palavras desse quadro escrevem-se com:

☐ gue.   ☐ gui.   ☐ que.   ☐ qui.

foca _____   esquilo _____

♦ As palavras desse quadro escrevem-se com:

☐ gue.   ☐ gui.   ☐ que.   ☐ qui.

224

3. Leia em voz alta as palavras de cada quadro e circule os grupos **gua**, **gue**, **gui**.

- guaraná • língua • enxaguar

- aguentar • aguei • enxaguei

- fogueira • guerra • foguete

- seguir • guia • preguiçoso

Sagui.

◆ Pinte os quadros de acordo com a legenda de cores a seguir:

🟦 Nessas palavras, a letra **u** é pronunciada.

🟧 Nessas palavras, a letra **u** não é pronunciada.

4. Leia atentamente as palavras do quadro. Em seguida, escreva uma palavra em cada etiqueta.

quadrúpedes • aquário • aquáticos

golfinho   polvo
baleia   sardinha

animais _____

boi   vaca
cabra   cavalo

animais _____

água   plantas
vidro   peixe

_____

◆ Nessas palavras, a letra **u** no grupo **qua**:

☐ é pronunciada.   ☐ não é pronunciada.

225

5. Leia o texto a seguir e pinte os adjetivos.

A cabeça de Bruno funcionava como uma fábrica de ideias, que produzia, diariamente, todos os tipos de pensamentos: bons, engraçados, esquisitos, assustadores...

Um dia, por exemplo, ele resolveu virar um monstrinho descabelado. [...]

Fabiana Fortini Alenquer. *Uma casa cheia de mistérios.*
São Paulo: Formato, 2010.

◆ Agora, retire do texto:

a) os adjetivos que se referem ao substantivo **pensamentos**.

_____

_____

b) o adjetivo que se refere ao substantivo **monstrinho**.

_____

6. Leia este texto e observe os verbos destacados.

> Vovó **gostava** que a gente lesse pra ela. Me **dava** uma preguiça. Se fosse hoje, não. **Aprendi** a gostar de ler e de escrever. Ai, que pena que minha vontade só **pintou** depois de minha vó ter ido embora.
>
> Pedro Antônio de Oliveira. *Metade é verdade, o resto é invenção.*
São Paulo: Formato, 2010.

◆ Os verbos destacados no texto estão:

☐ no pretérito.   ☐ no presente.   ☐ no futuro.

JOGO 1 – COM QUE LETRA?

- Jogue sozinho ou reúna-se com um ou dois colegas.
- Cole as fichas da página 231 em uma cartolina e recorte-as nas linhas pontilhadas.
- Coloque as fichas uma ao lado da outra.
- Forme o maior número de palavras que você conseguir.
- **Atenção:** em todas as palavras, deve haver a letra **m** antes de **p** ou de **b**.
- O professor vai combinar o tempo de duração da atividade.
- Vence o aluno ou a equipe que formar mais palavras.

JOGO 2 – MICO

- Reúna-se com um colega.
- Cole as fichas da página 233 em uma cartolina e recorte-as nas linhas pontilhadas.
- Embaralhe as fichas e distribua-as entre você e seu colega. Um dos participantes receberá 1 carta a mais.
- Cada participante deve verificar se nas fichas recebidas há pares de antônimos. Se sim, coloca-os sobre a mesa.
- Em seguida, um dos participantes, previamente escolhido, inicia o jogo. Ele pega uma carta das mãos do colega (o lado da figura deve ficar virado, sem que seja possível saber que ficha está retirando) e tenta fazer seu par. Se conseguir, coloca-o sobre a mesa.
- O jogo prossegue dessa forma até que todos os pares de antônimos tenham sido formados.
- Vence o jogo o participante que não ficar com o mico.
- O aluno que terminar com o mico na mão tem o direito de iniciar o jogo na próxima rodada.

JOGO 3 – PAPEL COLORÊ

- Reúna-se com dois ou três colegas.
- Cole as fichas da página 235 em uma cartolina e recorte-as nas linhas pontilhadas.
- Organize as fichas sobre a mesa, separadas por cor.
- Na sua vez, jogue o dado. Pegue a ficha da cor correspondente ao número que saiu e faça uma frase com o verbo que está escrito nela (em qualquer pessoa e em qualquer tempo).
- Para a frase ser válida, ela deve estar correta. O jogo prossegue até todos os alunos participarem.
- A rodada termina quando acabarem as fichas. Vence o participante que fizer mais frases corretas.

JOGO 4 – TRILHA

- Reúna-se com dois ou três colegas.
- Cole as duas partes da trilha (presentes nas páginas 237 e 239) em uma cartolina e recorte-as nas linhas pontilhadas. Depois, junte-as e cole no local indicado.
- Escolha um objeto pequeno para representar você no jogo. Esse objeto deverá caber nas casas da trilha e ser diferente do escolhido pelos seus colegas.
- Cada jogador deve jogar o dado. Quem tirar o número maior começa.
- Jogue o dado e ande o número de casas correspondente.
- Quando parar em uma das casas especiais, o jogador deverá realizar as tarefas seguindo as instruções.

JOGO 1 – COM QUE LETRA?

ba	bai	bra	bo
bro	ca	co	e
o	pa	po	prar
pre	sa	se	so
ta	te	to	xo
xa	ra	pu	lê
lâ	da	le	li
bre	pri	do	plo
m	m	m	m

.... recorte

JOGO 2 – MICO

FRIO	QUENTE	CHEIO	VAZIO
DIA	NOITE	ALTO	BAIXO
CURTO	COMPRIDO	FRACO	FORTE
PEQUENO	GRANDE	GROSSO	FINO
DOCE	SALGADO	VELHO	NOVO

.... recorte

JOGO 3 – PAPEL COLORÊ

Dado	Cor
número 1	azul
número 2	verde
número 3	vermelho
número 4	marrom
número 5	laranja
número 6	rosa

abrir	andar	atender
dormir	estudar	sentar
partir	pular	sair
colher	comer	correr
falar	jogar	nadar
saltar	vender	viajar

······· recorte

JOGO 4 – TRILHA

COLE A LATERAL DA OUTRA PARTE DA TRILHA AQUI.

4	Fique uma rodada sem jogar e escreva uma palavra com **qui**.
6	Você encontrou um macaquinho que vai ajudá-lo: avance duas casas.
9	Pare! Um porco selvagem está dormindo no caminho e você não pode passar. Volte duas casas.
12	Escreva duas palavras com **que** e avance duas casas.
15	Um bando de periquitos leva você a voar até a casa 21. Corra para lá!
18	Um esquilo recolhe frutinhas do chão. Ajude-o e fique sem jogar uma vez.
22	Apanhe alguns caquis do caquizeiro e leve de lanche. Avance uma casa.
26	Um vendedor oferece pastéis de queijo. Coma um e descanse uma jogada.
30	Veja que linda queda-d'água! Refresque o rosto e avance três casas.
34	Jogaram restos de sequilho e pé de moleque no chão, sujando o parque. Que feio! Ajude na limpeza e avance uma casa.
38	Escreva numa folha todas as palavras com **que** ou **qui** que aparecem nas instruções. Fique uma rodada sem jogar.

recorte

recorte

239